Charles Trang

KRIEGSBERICHTER FRANZ ROTH

EDITIONS HEIMDAL

Conception : Georges Bernage

Texte : Charles Trang

Réalisation : Stephan Cazenave

Maquette : Heimdal

Mise en pages : Harald Mourreau

Traduction : Claire Habard

Éditions Heimdal
Château de Damigny - BP 61350 - 14406 BAYEUX Cedex
Tél. : 02.31.51.68.68 - Fax : 02.31.51.68.60 - E-mail : Editions.Heimdal@wanadoo.fr

ISBN 13 : 978-2-84048-233-8

Préface

Lors de la Seconde Guerre mondiale, de nombreux correspondants de guerre ont été engagés sur tous les fronts, payant souvent de leur vie leur engagement aux côtés des combattants de première ligne, leur mission de « reporter de l'enfer ». Mais que serait pour la mémoire de l'Histoire le débarquement sur *Omaha Beach* le 6 juin 1944 sans les photos de Robert Capa ? Et il y eut bien d'autres reporters de guerre qui ont laissé, dans les archives des anciens pays belligérants, des millions de clichés. Parmi ceux-ci, ceux de Franz Roth constituent une suite cohérente, tous ses reportages ont été réalisés auprès d'une même unité, la *Leibstandarte*, de 1941 à 1943, jusqu'à sa mort sur le front. Il était intéressant de rassembler, sous une même couverture, des reportages entiers, montrant que ce sont parfois de véritables séquences cinématographiques, certains clichés fort connus étant replacés dans leur contexte. C'est aussi le regard d'un photographe qui s'intéresse à la vie quotidienne des civils, le regard d'un homme dans la guerre.

Cette œuvre photographique n'est conservée dans sa totalité que par des « planches contact », la plupart des pellicules ayant été perdues dans l'apocalypse de la fin de la guerre. Le très petit format de ces planches, rephotographiées aux Archives Nationales des USA où elles sont conservées, explique la qualité des reproductions qui restent toutefois des documents d'exception, des archives pour l'Histoire.

Georges Bernage
historien et éditeur

During World War Two, many war correspondents were present on every front, and their being sent to first line units, as well as their mission to «report from hell», often cost them their lives. But would the recollection of such an historic moment as the landing on Omaha Beach on the 6th of June 1944 be the same without Robert Capa's photographs? Many other war reporters left millions of pictures in the archives of former belligerent countries. Among these, Franz Roth's photographs stand as a coherent series, since all his reports were about a single unit, the Leibstandarte, from 1941 to 1943, when the photographer died on the front. Needless to say, it was worth collecting in one book entire reports – which are sometimes similar to cinematographic sequences – and to put very famous pictures back in context. It is also the testimony of a man's personal view of the war, and of his interest in the civilians' daily life.

This photographic work is preserved in its entirety in «contact sheets», since most films got lost as the war drew to its apocalyptic end. These very small contact sheets have been photographed again in the American National Archives, where they are kept. Hence the quality of the book's reproductions, all of which are exceptional documents finding their deserved place in History.

Le reporter Franz Roth est en Abyssinie pendant le conflit avec l'Italie et couvrira la guerre civile en Espagne pour l'hebdomadaire munichois *Illustrierte Beobachter*.

Reporter Franz Roth is in Abyssinia during the battle against Italy, before covering the Spanish Civil War for the Munich weekly magazine Illustrierte Beobachter.

Coll. S.C.

Franz Roth

Franz Seranhicus Roth est né le 5 avril 1911 à Vienne. Il entre dans la *SS* peu après l'Anschluss, son numéro est le 454761, et il sera promu *SS-Untersturmführer* le 9 novembre 1942. Il sert au sein de la 7e section de la *SS-Kriegsberichter-Kompanie* et suit la *Leibstandarte* à partir de mars 1941. Il réalise des reportages qui sont restés dans l'histoire de la Seconde Guerre mondiale, comme l'assaut du col de Klidi ou la prise de Mariupol. On ne sait pas grand-chose de sa vie ; en revanche, sa mort, survenue le 17 mars 1943 au sud de Charkow, a été relatée par Kurt Meyer dans son ouvrage « *Soldats du Reich* », au cours de l'épisode qui aura valu les feuilles de chêne sur la Croix de chevalier au commandant du groupe de reconnaissance de la *Leibstandarte* : « *Malgré un froid glacial, Jeremejewka est aménagée en point d'appui. Je me propose, en partant de cette localité, de mener une attaque foudroyante contre les Russes qui progressent, en employant les blindés du* Kampfgruppe. *Au sud de notre point d'appui, nous observons de fortes unités russes qui font mouvement en direction de Krasnograd. Elles engagent seulement de faibles troupes de couverture contre nous. Du poste d'observation avancé, nous pouvons observer jusqu'aux moindres détails de la colonne et faire des repérages absolument sûrs. Un régiment russe renforcé passe devant nous et cherche le contact vers Krasnograd. Le régiment ennemi ne présente qu'un flanc faiblement couvert. Il provoque immédiatement notre attaque. Le lendemain à l'aube, le Kampfgruppe, sans artillerie, roule vers le sud et abandonne le point d'appui à la garde des artilleurs, des conducteurs du train et des chasseurs de chars. L'abandon du point d'appui est réalisé sans avoir été vu par l'adversaire. Le temps brumeux favorise notre dessein. L'artillerie exécute un tir de harcèlement sur les positions d'attente qui ont été repérées à l'est de Jeremejewka pour tromper l'adversaire sur notre véritable intention. On peut à peine discerner notre colonne dans la masse neigeuse. Chaque véhicule est camouflé en blanc et la troupe porte une tenue blanche ou un vêtement d'hiver blanc. Nous nous éloignons en serpentant à travers le paysage accidenté. Le Kampfgruppe fait halte derrière une petite hauteur. Des colonnes ennemies marchent inébranlablement vers l'ouest. Un village, construit tout en longueur, reçoit toute la colonne soviétique et la cache à nos yeux. Devons-nous tenter l'attaque et avaler la rue qui descend lentement ? Les soldats rouges marchent vers l'ouest depuis 24 heures. La supériorité des forces n'est-elle pas trop importante ? N'allons-nous pas courir au-devant d'un bouclier antichar mortel ? Je suis à la tête du Kampfgruppe avec le Kommandeur du bataillon de chars Max Wünsche et les chefs de compagnies du groupe de reconnaissance. Je cherche quelle formation d'attaque appropriée nous allons utiliser. Je considère ici que la vitesse est la meilleure arme. Mon intention est de pénétrer au milieu des Soviétiques avec une compagnie du groupe de reconnaissance sous la protection de quelques chars, de tronçonner la colonne de marche ennemie, de l'attaquer de flanc et l'enrouler à l'ouest. Un groupe de voitures amphibies se propose volontairement pour prendre la tête. Les jeunes qui sont dans ces véhicules savent à quoi ils doivent s'attendre. A coup sûr, le flanc de la colonne ennemie est couvert par des mines. En quelques minutes, tout le monde est prêt à partir. Les roues écrasent la neige et la mordent. Les voitures accélèrent, atteignent l'éminence de terrain la plus haute et foncent ensuite à plein gaz*

Coll. S.C.

Born in Vienna on the 5th of July 1911, Franz Seranhicus Roth joins the SS shortly after the Anschluss, with SS number 454761. He gets promoted to SS-Untersturmführer on the 9th of November 1942. He serves in the 7th section of the SS-Kriegsberichter-Kompanie and starts following the Leibstandarte *in March 1941. He makes reports which have found their deserved place in the history of the Second World War, such as those on the assault of the Klidi pass or the capture of Mariupol. Little is known about his life; however, his death on the 17th of March 1943, south of Charkow, has been recounted by Kurt Meyer in his book «* Grenadiers *», in pages relating the episode that gave the major of the Leibstandarte's reconnaissance battalion the oak leaves on his Knight's Cross: «* Despite the freezing cold, Jeremejewka is fit out as a base of operations. I set out to lead from this spot a lightning attack against progressing Soviets, using the Kampfgruppe's tanks. South of our base of operations, we watch large Soviet units going towards Krasnograd. They just set a few covering troops against us. From our advanced observation post, we can see the column's very details and get very accurate location. A Russian reinforced regiment passes in front of us and seeks contact towards Krasnograd. The enemy regiment shows a weakly covered flank, so we attack right away. The day after, at dawn, the Kampfgruppe drives south without artillery, leaving the base of operations to be guarded by artillerymen, supply columns drivers and tank hunters. Our departure goes unnoticed by the enemy, the misty weather helping our scheme. Artillery opens harassment fire on the waiting positions that have been noticed east of Jeremejewka, in order to mislead the enemy about our actual intentions. Our column can hardly be made out in the depths of the snow. Each vehicle is camouflaged in white, and the troops are wearing white battle dresses or white winter clothes. We go away winding through the uneven landscape. The Kampfgruppe stops behind a small hill. Enemy columns are unshakeably marching west. A village stretching out lengthways accommodates the entire Soviet column and hides it from our sight. Should we move into the attack and rush down the gently sloping street? The red soldiers have been marching west for 24 hours. Isn't their superiority indomitable? Are we about to rush towards a deadly anti-tank shield? I am leading the Kampfgruppe with tanks battalion's Kommandeur Max Wünsche and the reconnaissance battalion's company majors. I try to decide which attack formation is the most appropriate. In our case, I think that speed is the best weapon. I intend to break through the*

vers l'entrée du village. Il faut franchir le terrain découvert le plus vite possible afin que l'ennemi ne trouve pas le temps pour prendre des contre-mesures. Les véhicules descendent la pente comme une tempête qui se déchaîne. Des chars poussent sur la hauteur, à gauche et à droite de la route, et expédient des obus parmi les Soviétiques. Un violent tir de mortier renforce l'action des chars. Je me trouve dans la compagnie de pointe, accroché à la portière d'un Kübelwagen *au moment où le premier véhicule amphibie saute. Mes camarades sont étendus au sol, les membres brisés. Sans même freiner une seconde, le deuxième véhicule prend la tête et il est aussi mis en pièces à l'instant d'après. La compagnie, comme une flèche, passe au-dessus de l'endroit miné. Nos camarades, dans toute la force du terme, nous ont ouvert la voie. Le barrage de mines est percé. Dans la neige gisent les membres déchiquetés des deux conducteurs et les grenadiers moins blessés. Le chef de groupe a perdu les deux jambes. Nous ne pouvons pas les secourir mais la compagnie suivante s'occupera du groupe. Les Soviétiques abandonnent en déroute la rue du village, s'élancent vers les maisons ou cherchent leur salut en fuyant vers le sud. Ils sont étendus morts sur la vaste plaine blanche par le tir des mitrailleuses. Des canons que les Russes avaient avec eux sont dépassés par nos chars, poussés sur le côté ou entassés pêle-mêle. La destruction que nous avons provoquée est indescriptible. Quelques chars tirent obus sur obus dans la colonne qui s'éloigne vers l'est et contraignent ces unités à une fuite désordonnée qui est encore accélérée par la pénétration des blindés. La colonne de marche est écrasée par les chars qui filent à toute allure, comme si elle avait été frappée par un poing gigantesque. La vitesse se révèle une fois de plus comme une force terrible. Un seul à peine des nombreux canons antichars russes réussit à enlever ses avant-trains et à se mettre en position. Ils sont broyés pour la plupart, sous les chenilles qui grincent et par le poids des panzers. Le village, construit tout en longueur, est traversé en quelques minutes et l'axe de progression est changé en une route de malheur. L'acier écrasé est mêlé à la chair des bœufs de trait sibériens. Ces animaux servaient à tirer les pièces antichars. Depuis la lisière du village, la chasse continue vers l'ouest. Les Soviétiques sont totalement surpris. Ils ne comprennent pas comment la mort peut les atteindre par derrière. La colonne est victime de cet assaut presque sans résistance. Entre les dernières maisons du village, il y a un char endommagé qui est atteint par une pièce antichar russe en position dans un verger, à peine à 150 mètres en arrière. Des fantassins sont sur le point de l'anéantir, quand une rafale de mitrailleuse frappe parmi nous. Nous nous abritons promptement de l'autre côté du char. Seul Franz Roth, notre correspondant de guerre, toujours plein d'ardeur, n'a pu le faire. Nous le traînons, atteint d'une balle dans la poitrine, pour le mettre en sûreté puis nous le transportons dans une maisonnette où il est soigné immédiatement par le docteur Gatternigg. Franz Roth meurt quelques jours plus tard à l'hôpital militaire. Il était l'un de nos meilleurs correspondants de guerre »* [1]

middle of the Soviet troops with a company from the reconnaissance battalion backed up by a few tanks, to slice the enemy column, to attack on its flank and to roll it up on the west. A group of amphibious cars volunteers to take the head of the attack. The group's young men know what to expect: the enemy column's flank must be covered with mines. In a few minutes' time, everybody is ready to go. The wheels crush and bite into the snow. The cars take speed, reach the highest hill, and then rush at full speed towards the edge of the village. They must go through the open field as quickly as possible so that the enemy won't have time to take counter-measures. Vehicles hurtle down the hill like a raging storm. Tanks back them up from the top of the hill, left and right from the road, and fire shells at the Soviets. Fierce mortar fire supports the tanks' action. I am on the head company, holding on to the door of a *Kübelwagen*, when the first amphibious vehicle explodes. My companions are lying on the ground, their limbs broken. Without even slowing down for a second, the second vehicle takes the lead and is also blown apart in an instant. Then the company can shoot right through the mined field. Our companions – and the word has never been truer – have opened up the way for us. The mine barrage is pierced through. Lying on the snow are the mutilated bodies of the two drivers, and those of less badly wounded grenadiers. The group's major has lost both legs. We cannot assist them, but the next company will. The routed Soviets desert the village's street, dash towards the houses or run south for their lives. They fall down in the wide white plain, shot by machinegun fire. Russian guns are passed by, pushed aside or messily piled up by our tanks. The destruction we wreaked is unspeakable. Several tanks shot shell after shell at the column marching east, thus compelling the units to a disorderly escape, even hurried by the tanks' penetration. The marching column is crushed by the tanks flying by at full speed, as if knocked down by a gigantic fist. Speed proves once more to be a terrible force. Only one of the numerous anti-tank guns of the Soviets hardly manages to take off its front axle unit and to get into position. Most of them are crushed by rattling caterpillars and by the panzers' weight. The long and narrow village is passed through within a few minutes, and the progression way is turned into a disastrous path. Flattened steel is mixed up with the flesh of Siberian draught oxen. These animals were used to pull anti-tank weapons. From the edge of the village, the chase carries on west. The Soviets look flabbergasted. They don't understand how death can strike them from the back. The column succumbs to this assault almost without resistance. Between the last houses of the village, a damaged tank is hit by a Russian anti-tank weapon positioned in an orchard, hardly 150 meters away on the back. Infantrymen are about to destroy it when a machinegun burst hits us. We hastily take cover on the other side of the tank. Only Franz Roth, our war correspondent, always keen to fight, doesn't make it: a bullet hits him right on the chest. We drag him under cover and then transport him to a small house where he is at once taken care of by Doctor Gatternigg. Franz Roth dies a few days later at the military hospital. He was one of our best war correspondents. » [1]

(1) Kurt Meyer, « *Soldats du Reich* », Editions Heimdal. 1996. *Op.cit.* p. 223-226.

(1) Kurt Meyer, « *Soldats du Reich* », Editions Heimdal. 1996. *Op.cit.* p. 223-226.

SS-Kriegsberichter-Standarte
«Kurt Eggers»

La *SS-Kriegsberichter-Kompanie* (compagnie des correspondants de guerre *SS*) a été créée en mars 1940 afin de suivre sur le terrain les différentes unités de la *Waffen-SS*. Ainsi, dès la campagne à l'Ouest, en mai et juin 1940, une section entière est détachée auprès de chacune des formations *SS* engagées (*Leibstandarte, SS-Verfügungs-Division, SS-Totenkopf-Division, Polizei-Division* [1]). En août 1941, en raison de l'augmentation du nombre des unités *SS* mais aussi parce que la *Reichsführung-SS* souhaite que la *Waffen-SS* soit omniprésente dans les médias allemands (journaux, radio et actualités filmées), la compagnie est transformée en bataillon et devient la *SS-Kriegsberichter-Abteilung*. Commandée par le *SS-Sturmbannführer* Günther d'Alquen [2], elle est rebaptisée *SS-Kriegsberichter-Abteilung «Kurt Eggers»* en 1943. Kurt Eggers, écrivain célèbre de l'Allemagne nazie, a donné son nom au bataillon après avoir été tué le 13 août 1943 alors qu'il était *SS-Untersturmführer* et chef de section à la deuxième compagnie de la *SS-Panzer-Abteilung «Wiking»*.

Le 3 novembre de la même année, la *SS-Kriegsberichter-Abteilung «Kurt Eggers»* se développe à nouveau et devient la *SS-Standarte «Kurt Eggers»*. Ses cadres sont alors les suivants :

Created in March 1940, the SS-Kriegsberichter-Kompanie *(the SS war correspondents' company) aims at following in the field the different units of the Waffen-SS. Thus, from the campaign in the West, in May and June 1940, an entire section is sent on secondment to every SS formation fighting (Leibstandarte, SS-Verfügungs-Division, SS-Totenkopf-Division, Polizei-Division* [1]*). In August 1941, because of the increasing number of SS units, but also because the* Reichsführung-SS *wants the* Waffen-SS *to be omnipresent in the German media (papers, radio and newsreels), the company is turned into a battalion and becomes the SS-Kriegsberichter-Abteilung. Headed by SS-Sturmbannführer* Günther d'Alquen [2]*, it is renamed SS-Kriegsberichter-Abteilung «Kurt Eggers» in 1943, after Kurt Eggers, famous writer of Nazi Germany, SS-Untersturmführer and section major of the second company of SS-Panzer-Abteilung «Wiking», killed on the 13th of August 1943.*

On the 3rd of November 1943, SS-Kriegsberichter-Abteilung «Kurt Eggers» *expands again and becomes SS-Standarte «Kurt Eggers». Its officers are then:*

- *Kdr. : SS-Standartenführer* d'Alquen
- *Adjutant : SS-Obersturmführer* Best
- *Ord.-Offz. : SS-Untersturmführer* Pfeiffer
- *Stand. Ing. : SS-Untersturmführer* Lange
- *Verb.-Offz. z. SS-FHA u. OKW : SS-Sturmbannführer* Kreigbaum
- *Zensur-Offz. : SS-Hauptsturmführer* Wicklmayr
- *Verw.-Offz. : SS-Obersturmführer* Vitt
- *Gruppenleiter Ausland : SS-Hauptsturmführer* Ohlemaier
- *Gruppenleiter Wort : SS-Obersturmführer* Klähn
- *Gruppenleiter Bild : SS-Untersturmführer* Leh
- *Gruppenleiter Film : SS-Sturmbannführer* Noak
- *Gruppenleiter Zeichnen : SS-Untersturmführer* Palmowski
- *Gruppenleiter Rundfunk : SS-Obersturmführer* Böhnert
- *Abschnitt Russland Nord : SS-Obersturmführer* Brüggemann
- *Abschnitt Russland Süd : SS-Hauptsturmführer* Akemann
- *Abschnitt Lettland : SS-Hauptsturmführer* Gösling
- *Abschnitt Südost : SS-Hauptsturmführer* Wickl
- *Abschnitt West : SS-Sturmbannführer* Damrau

Il faut relever ici que ce développement se réalise de façon didactique car la *SS-Kriegsberichter-Standarte* ne comptait à l'origine dans ses rangs que très peu de photographes, caméramen et journalistes professionnels, ceux-ci ayant été mobilisés pour la plupart par la *Wehrmacht*. Les nouveaux venus sont donc formés « sur le tas » par leurs pairs et ce qu'ils n'ont pas en technicité, ils le compensent par leur présence fréquente en première ligne pour réaliser des reportages souvent plus réalistes et plus vivants que ceux de leurs homologues de l'armée. Au demeurant, nombreux sont ceux qui tomberont au combat, à l'instar de Franz Roth. Il faut également noter que la présence d'une section entière de correspondants de guerre au sein d'une division est

It is worth noting that the expansion is completed in a didactic way, since the SS-Kriegsberichter-Standarte has at first only a few professional photographers, cameramen and journalists in its ranks, since most of them have already been mobilized by the Wehrmacht. New recruits are thus trained on the job by their peers, and they compensate for their lack of technical knowledge by being frequently present in the first line, where they make reports that are often more realistic and livelier than those of their counterparts in the army. Incidentally, many of them died in combat, as Franz Roth did. It is also worth noting that the presence of an entire section of war correspondents within a division is almost unique to the Waffen-SS. As far as we know, only the «Gross-

presque une exclusivité de la *Waffen-SS*. A notre connaissance, seule la division *«Grossdeutschland»*, du *Heer*, a bénéficié d'un tel traitement de faveur et donc d'une couverture médiatique équivalente. C'est pourquoi lorsque l'on feuillette les pages des journaux et magazines allemands de l'époque, ou que l'on regarde l'émission hebdomadaire «*Deutsche Wochenschau* », on compte un nombre particulièrement important de reportages consacrés à la *Waffen-SS*, et proportionnellement sans aucune mesure avec le poids réel des unités *SS* au sein de la *Wehrmacht*. Comme l'a si bien démontré Jean-Luc Leleu [3], cette omniprésence, qu'il faut attribuer au nombre important de reporters *SS* mais aussi aux méthodes de transmissions ultra rapides utilisées par la *SS-Kriegsberichter-Standarte,* a certainement contribué à donner aux citoyens allemands, l'image d'unités *Waffen-SS* engagées en première ligne sur tous les fronts (ou presque) et dont «*leur poids et leur action étaient plus déterminants sur l'issue des engagements que ceux des formations de l'armée de terre.* » [4]

deutschland » *division of the Heer benefited from such a special treatment, and thus from an equivalent media coverage. This is why, when you leaf through German papers or magazines of that time, or watches the weekly broadcast «Deutsche Wochenschau», you may find a particularly large amount of reports on the Waffen-SS, completely out of proportions with the real weight of the SS units within the Wehrmacht. As Jean-Luc Leleu [3] demonstrates so well, this ubiquity, caused by the high number of SS reporters and as well as by the high-speed transmission means used by the SS-Kriegsberichter-Standarte, certainly contributed to giving German citizens the impression that Waffen-SS units were on the first line in almost every front and that «their weight and action were much more decisive for the outcome of an engagement than those of the army's formations.* » [4]

(1) Cette division ne fait pas encore partie de la *Waffen-SS* mais dépend tout de même de la *SS* car, rappelons-le ici, c'est Heinrich Himmler qui dirige la police du Troisième Reich.
(2) Ce dernier avait été le rédacteur en chef de l'hebdomadaire *SS* «*Das schwarze Korps* ».
(3) Jean-Luc Leleu, «*La Waffen-SS. Soldats politiques en guerre* », Editions Perrin. 2007. Voir pages 640 à 647.
(4) Jean-Luc Leleu. *Op.cit.* p.646.

(1) This division doesn't belong to the Waffen-SS yet, but is answerable to the SS anyway, since Heinrich Himmler is at the head of the Third Reich police.
(2) Günther d'Alquen used to be chief editor of the SS weekly paper «Das schwarze Korps ».
(3) Jean-Luc Leleu, «La Waffen-SS. Soldats politiques en guerre », Editions Perrin, 2007. See pages 640 to 647.
(4) Jean-Luc Leleu, op. cit., p.646.

SS-Sturmbannführer Günther d'Alquen (Collection H. Walther/Heimdal).

Le *SS-Untersturmführer* Kurt Eggers à Priwolje, en Ukraine, au cours de l'été 1943 (Collection P. Tiquet).
SS-Untersturmführer *Kurt Eggers in Priwolje, Ukraine, summer 1943.*

Avril 1941. La *Leibstandarte* roule vers le Sud en direction de la frontière grecque, dans une plaine déjà parsemée de véhicules détruits.

April 1941. The Leibstandarte *is driving south towards the Greek border, in a plain already dotted with shattered vehicles.*

Infanterie motorisée. Malgré l'imminence du combat, ces hommes semblent sereins. Pourquoi ne le seraient-ils pas ? Les troupes du Troisième Reich ont pour l'instant volé de victoire en victoire.

Motorized infantry. Regardless of the impending combat, those men look serene enough. Why wouldn't they? For the time being, Third Reich troops have only encountered victory.

La progression n'est pas forcément de tout repos et le bataillon du génie, commandé par Christian Hansen, est souvent mis à contribution pour réparer routes et ponts.

Progress isn't exactly easy and the engineer battalion, headed by Christian Hansen, often participates in the repair of roads and bridges.

10

Il faut également penser à se ravitailler. Ce motocycliste, vêtu du manteau en caoutchouc standard, vient d'assurer son repas de la journée.

One must also think about getting fresh supplies. This motorcyclist, dressed in standard rubber coat, has just secured his daily meal.

Automitrailleuses lourdes à huit roues (*SdKfz.232*) du groupe de reconnaissance.
A heavy eight-wheeled armoured car (SdKfz.232) from the reconnaissance battalion.

Un canon d'assaut (*StuG.III*) s'est enlisé sur le bord d'une route. Un tracteur lourd semi-chenillé vient tenter de le remorquer.
An assault gun (StuG.III) got stuck along the road. A heavy partially-tracked tractor comes to try and tow it.

Premiers prisonniers. Il s'agit de troupes du Commonwealth, Australiens ou Néo-Zélandais.

First prisoners. They are Commonwealth troops from Australia or New-Zealand.

Un camion britannique capturé a été intégré dans une colonne de la *Leibstandarte*. Il peine à se mouvoir sur des routes qui n'en portent que le nom.

A captured British truck has joined a column of the Leibstandarte. *It struggles to make progress on so-called roads.*

Ce camion allemand de trois tonnes semble s'en sortir un peu mieux que le précédent. Il doit cependant avancer avec prudence.

This three-ton German truck seems to come off better than the previous one. However, it still has to move on carefully.

Les troupes allemandes sont dans l'ensemble plutôt bien accueillies par la population grecque. C'est une situation qui ne tardera pas à changer en raison de la rigueur de l'occupation.

In the main, German troops receive a quite warm welcome from the Greek population. However, this will soon change with the harshness of occupation.

Un canon d'infanterie lourd de 15 cm (*s.IG 33*) ouvre le feu avec sa hausse maximale.

A 15 cm heavy infantry gun (s.IG 33) opens fire with its maximum backsight adjuster.

A gauche, en haut : une voiture *Ford V8* négocie à son tour ce passage difficile. Ce véhicule, dans sa version décapotable, est le plus souvent réservé à des officiers supérieurs.

Left, above : this time, a Ford V8 tries to negotiate the same tricky spot. In its convertible version, this car is generally used by field officers only.

A gauche, en bas : un camion *Ford*, lourdement chargé, suit peu après. Ses capacités en tout terrain sont plutôt faibles.

Left, below : A heavy loaded Ford truck follows close. It is not really effective on uneven ground

Le *SS-KB* Roth suit une équipe de mortier de 8,1 cm lors de la bataille pour le col de Klidi. C'est un reportage qui paraîtra dans sa quasi intégralité dans l'*Illustrierter Beobachter*.

SS-PK Roth *follows an 8.1 cm mortar squad during the battle for control of the Klidi pass. His report will be published almost in full by the* Illustrierter Beobachter.

Kurt Meyer, à droite, en compagnie de Walter Staudinger. Ce dernier vient appuyer l'attaque des éclaireurs de Meyer avec ses obusiers. Leur intervention va se révéler décisive.

Kurt Meyer, on the right, together with Walter Staudinger. The latter has come to back up the attack of Meyer's scouts with his howitzers. Their intervention will prove decisive.

Ce court reportage va faire connaître Kurt Meyer au grand public allemand. Comparativement au nombre de ses troupes engagées au sein de la *Wehrmacht,* la *Waffen-SS,* en particulier la *Leibstandarte,* est extrêmement bien traitée par les organes de presse. Ce n'est pas un hasard. Himmler a œuvré en sous-main pour qu'il en soit ainsi afin d'attirer le plus grand nombre possible de volontaires dans ses rangs.

This report will make Kurt Meyer a household name in Germany. Compared with the number of troops enlisted in the Wehrmacht, *the* Waffen-SS - *and the* Leibstandarte *in particular – enjoy a particularly positive treatment from the press. This is no coincidence. Himmler has secretly seen to it, in order to draw as many volunteers as possible into his ranks.*

Le déploiement de pièces d'artillerie lourde en terrain montagneux n'est pas une affaire aisée. Les longs attelages (tracteur plus pièce) ont du mal à se mouvoir sur les routes étroites, sinueuses et escarpées.

Deploying heavy pieces of artillery in mountainous ground is not an easy task. Long couplings of tractors and pieces of artillery have trouble proceeding on narrow, winding and steep roads.

Assaut des automitrailleuses du groupe de reconnaissance au col de Kleissoura.

Assault of the reconnaissance battalion's armoured cars at the Kleissoura pass.

La descente paraître nettement plus aisée car la pente semble ici moins accentuée.

Going down looks much easier, since the slope appears gentler here.

Reddition de troupes grecques. Leurs armes sont symboliquement détruites sur place. Assez curieusement, les Allemands renvoient chez eux les soldats grecs capturés sans procéder à leur internement.

Greek troops surrendering. Their weapons are symbolically destroyed on the spot. Somewhat surprisingly, the Germans send the captured Greek soldiers home without making them prisoners.

Impact d'artillerie dans la plaine s'étendant au sud du lac Kastoria.
Artillery impact in the plain stretching south of Lake Kastoria.

Les combats pour les cols de Klidi et de Kleissoura ont cependant été acharnés et ont coûté des pertes sensibles à la *Leibstandarte*. Ce blessé à la tête n'a pas été évacué et s'est maintenu à son poste après avoir été pansé.

However, the battles for control of the Klidi and the Kleissoura passes have been fierce and have inflicted substantial losses on the Leibstandarte. *This wounded soldier has not been evacuated, he has stayed at his post after his head was bandaged.*

Reddition de l'Armée d'Epire. Sepp Dietrich accueille le général Tzolakoglou.
Surrender of the Epirus Army. Sepp Dietrich welcomes General Tzolakoglou.

Premiers pourparlers au niveau de la route du col de Katara. Sur la gauche, à côté du cameraman qui immortalise la scène, on reconnaît le *SS-Hauptsturmführer* Georg Schönberger et le *SS-Hauptsturmführer* Max Wüsnche.
First negotiations on the road to the Katara pass. On the left, next to the cameraman immortalizing the scene, is SS-Hauptsturmführer *Georg Schönberger and he* SS-Hauptsturmführer *Max Wünsche.*

Sepp Dietrich, Croix de chevalier au cou, est particulièrement heureux et détendu. Il ne se rend alors pas compte qu'il est en train de créer un véritable incident diplomatique entre l'Allemagne et l'Italie.

Sepp Dietrich, wearing his Knight's Cross around his neck, looks particularly pleased and relaxed. He doesn't realize yet that he is causing a real diplomatic incident between Germany and Italy.

Vue d'ensemble des deux délégations se trouvant mêlées sur la route du col.

Overall view of the two delegations mixed up on the road to the pass.

Les deux délégations prennent maintenant le chemin du QG grec à Votonasi.

Both delegations now set off for the Greek headquarters in Votonasi.

Arrivée de Sepp Dietrich au QG de l'Armée d'Epire. Il répond par un salut militaire à la présentation des armes effectuée par l'un des gardes grecs.

Sepp Dietrich arrives at the headquarters of the Epirus Army. He gives the military salute to the Greek guard who presents him the guns.

Début des pourparlers à Votonasi. Sur la droite se tient le fameux pope qui a embrassé le pan de la vareuse du *SS-Hauptsturmführer* Horstmann.

Beginning of negotiations in Votonasi. On the right is the famous Orthodox priest who kissed the tail of SS-Hauptsturmführer Horstmann's tunic.

Horstmann est ici visible sur la gauche de Sepp Dietrich.

On this picture, Horstmann is left to Sepp Dietrich.

21

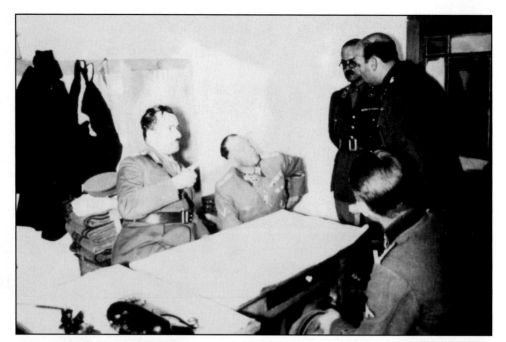

Les négociations vont bon train à l'intérieur du QG grec, dans une ambiance incroyablement cordiale.

Negotiations make good progress inside the Greek headquarters, in an incredibly cordial atmosphere.

A l'extérieur, les hommes de la *Leibstandarte* et les soldats grecs tentent d'échanger quelques mots.

Outside, men of the Leibstandarte *and Greek soldiers try to exchange a few words.*

Grecs et Allemands mélangés. Toute animosité entre eux semble s'être envolée…

Greek and German soldiers together. All the animosity between them seems to have vanished into thin air…

L'Armée d'Epire dépose les armes suite aux négociations lancées par Sepp Dietrich.

The Epirus Army lay down the arms following the negotiations launched by Sepp Dietrich.

Les éclaireurs de Kurt Meyer franchissent le golfe de Patras à Nafpaktos. Canon antichar *Pak 38* et motos sont embarqués à bord d'un petit chalutier, le tout sous l'œil bienveillant d'un cameraman *SS*.

Kurt Meyer's scouts cross the Gulf of Patras in Nafpaktos. A Pak 38 anti-tank gun and several motorbikes are loaded on board a small trawler, under the benevolent eye of an SS cameraman.

Lors d'une reconnaissance en direction de Corinthe, le contact est établi avec les parachutistes de l'*Oberst* Sturm (*Fallschirmjäger-Regiment 2*).

During a reconnaissance mission towards Corinth, contact is made with the paratroopers of the Oberst *Sturm (*Fallschirmjäger-Regiment 2*).*

25

Kurt Meyer et Alexander Sukkau en discussion avec un officier de la *Luftwaffe*.
Kurt Meyer and Alexander Sukkau are talking with a Luftwaffe officer.

Les hommes de la *Leibstandarte* récupèrent du matériel britannique abandonné près de Corinthe, ici un *Universal Carrier*.
The Leibstandarte*'s men pick up some British equipment abandoned near Corinth, here a Universal Carrier.*

Ci-dessous et page suivante, en haut : 29 avril 1941 : le groupe de reconnaissance de la *Leibstandarte* fait une halte sur le site d'Olympie.
Below and next page, upster : 29th of April 1941: the Leibstandarte*'s reconnaissance battalion halts on the site of Olympia.*

La campagne de Grèce est maintenant terminée. La *Leibstandarte* est mise au repos dans le secteur de Larissa. Ces hommes cueillent sans vergogne quelques oranges d'un verger se trouvant sur leur route.

The Greek campaign is now over. The Leibstandarte *is set to rest in the area of Larissa. Passing by an orchard, these men unashamedly pick up a few oranges.*

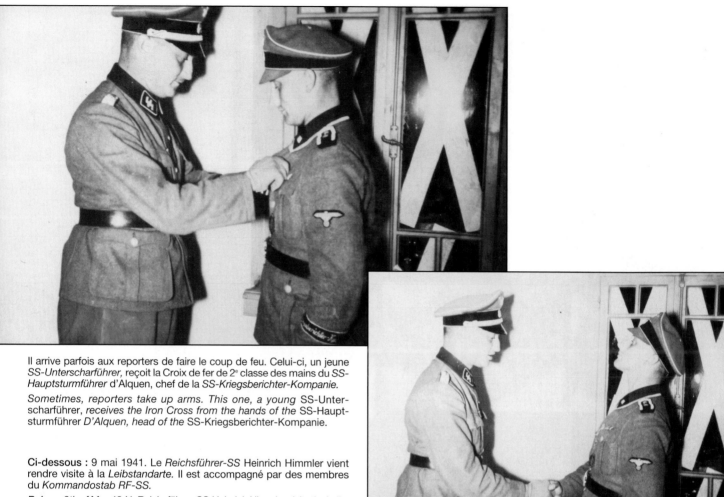

Il arrive parfois aux reporters de faire le coup de feu. Celui-ci, un jeune *SS-Unterscharführer,* reçoit la Croix de fer de 2ᵉ classe des mains du *SS-Hauptsturmführer* d'Alquen, chef de la *SS-Kriegsberichter-Kompanie.*

Sometimes, reporters take up arms. This one, a young SS-Unterscharführer, *receives the Iron Cross from the hands of the* SS-Hauptsturmführer D'Alquen, *head of the* SS-Kriegsberichter-Kompanie.

Ci-dessous : 9 mai 1941. Le *Reichsführer-SS* Heinrich Himmler vient rendre visite à la *Leibstandarte.* Il est accompagné par des membres du *Kommandostab RF-SS.*

Below : 9th of May 1941. Reichsführer-SS *Heinrich Himmler visits the* Leibstandarte. *He's accompanied by members of the* Kommandostab RF-SS.

1. Himmler, au centre, en conversation avec Dietrich, à gauche, et Fritz Witt, à droite.
1. *Himmler, in the middle, is talking to Dietrich, on the left, and Fritz Witt, on the right.*
2, 3 et 4. Himmler inspecte une arme britannique capturée et poursuit sa visite.
2, 3 and 4. *Himmler inspects a captured British gun and then proceeds with his visit.*

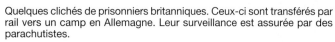
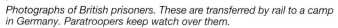

Quelques clichés de prisonniers britanniques. Ceux-ci sont transférés par rail vers un camp en Allemagne. Leur surveillance est assurée par des parachutistes.

Photographs of British prisoners. These are transferred by rail to a camp in Germany. Paratroopers keep watch over them.

Matériels abandonnés dans le port de Corinthe.

Discarded equipment in Corinth harbour.

Les Allemands font main basse sur tous les véhicules britanniques en état de marche. Il est vrai que la *Wehrmacht* souffre d'un manque cruel de camions, de voitures et de tracteurs, sans parler des panzers, en nombre notoirement insuffisant au vu de la prochaine campagne qui s'annonce.

The Germans help themselves with every British vehicle in working order. It is true that there is a dire lack of trucks, cars and tractors within the Wehrmacht, not to mention panzers, which are known to be sorely lacking in view of the campaign to come.

Le *SS-KB* Roth revient s'attarder sur les prisonniers britanniques. Toute une pellicule leur est consacrée. Nous n'en montrons ici qu'une seule car cette répétition photographique n'a que peu d'intérêt aujourd'hui.

SS-KB Roth comes back to linger on British prisoners. The whole film is devoted to them. Only one picture is shown here, since this photographic repetition is of little interest today.

A proximité du camp provisoire où sont entassés les prisonniers, un soldat de la *Luftwaffe* répare le phare de sa moto.
Close to the temporary camp where prisoners are packed, a Luftwaffe *soldier is repairing the headlight of his motorbike.*

Images de matériels britanniques abandonnés : un canon antiaérien de 40 mm *Bofors* et des camions citernes.

Pictures of abandoned British equipment: a 40 mm Bofors *anti-aircraft gun and tankers.*

Ci-dessous : retour sur une colonne de prisonniers marchant d'un pas alerte sous la garde de parachutistes allemands. Malgré leur capture, ces soldats britanniques montrent un moral étonnamment élevé.

Below : Back to a column of prisoners walking at a brisk pace under German troopers' guard. Although caught, these British soldiers display amazingly high spirits.

Invasion de l'Union Soviétique. Les colonnes de la *Leibstandarte* roulent vers l'Est.

Invasion of the Soviet Union. The Leibstandarte's *columns drive east.*

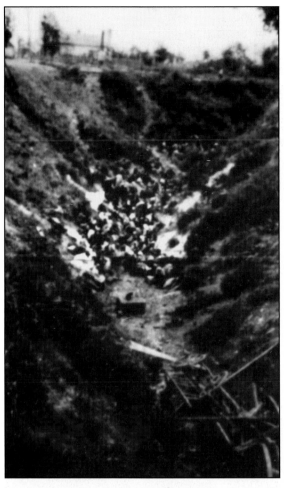

Une fosse macabre où sont allongés plusieurs dizaines de cadavres de civils. La photo ayant été prise par un reporter de guerre *SS*, il est donc probable qu'il s'agit de victimes des Soviétiques.

A macabre mass grave where tens of civilian corpses lie. Since the photograph was taken by an SS war reporter, it is likely that they are victims of the Soviets.

Scènes de désolation : ruines et civils tués. Toute l'horreur de la guerre.

Desolation scene: ruins and civilian casualties. War in all its horror.

Le *SS-KB* Roth s'est ici intéressé à une unité antichar du *Heer* traversant une ville ukrainienne dévastée. Le canon est un *Pak 38* de 5 cm.

Here, SS-KB Roth *considers an anti-tank unit of the Heer going through a ravaged city in Ukraine. The gun is a 5 cm Pak 38.*

Ci-contre et page suivante : en déroulant les pellicules du *SS-KB* Roth, on trouve un très grand nombre de photographies montrant des prisonniers soviétiques. Ceux-ci n'ont pas été immortalisés sur papier par hasard. Roth les a choisis avec soin car il travaillait avant tout pour la propagande nazie et devait donc faire découvrir au peuple allemand quels dangers pesaient sur lui. Rien de tel pour cela que saisir des visages aux traits asiatiques ou sémites, ainsi que de capter des regards haineux ou « vides de toute humanité », et de montrer l'immense misère engendrée par le système soviétique. « *Untermenschen* » pourrait être le titre de ce reportage dans un journal allemand d'alors.

Above and next page : Unwinding SS-KB *Roth's numerous films, many photographs showing Soviet prisoners are to be found. They haven't been immortalized on paper by chance. Roth chose them carefully because, first and foremost, he was working for the Nazi propaganda, and thus he was expected to alert the Germans to the dangers hanging over them. The best way to do so was by capturing faces with Asian or Semitic features, as well as looks full of hatred or "devoid of any trace of humanity", and to show the appalling misery generated by the Soviet system. "Untermenschen" could have been the title of this report in a German paper of the time.*

Les images de matériels soviétiques détruits sont également très nombreuses car il s'agit cette fois de donner la preuve visuelle des victoires emportées par les armées du Troisième Reich. On voit ici un *KV-1* en bien piteux état.

Pictures of destroyed Soviet equipment are also recurrent, since they are visual evidence of the Third Reich armies' victories. This picture shows a KV-1 in a sorry state.

Images de l'entrée des troupes allemandes à Lviv (Lwow en russe et Lemberg en allemand). La population galicienne accueille avec enthousiasme la *Wehrmacht.* Il est vrai que la Galicie fut autrefois une province de l'empire austro-hongrois.

Pictures showing German troops entering Lvov (Lwow in Russian and Lemberg in German). The Galician population welcomes the Wehrmacht enthusiastically. Indeed, Galicia used to be a province of the Austro-Hungarian Empire.

On remarquera un drapeau à croix gammé « bricolé » maladroitement par les Ukrainiens…

The Lviv inhabitants were so enthusiastic that they brought to this balcony a local made swatiska flag with a weird look.

Des corps ont été retrouvés dans la prison de la Guépéou. Les Soviétiques ont exécuté leurs prisonniers avant de s'enfuir. Les proches des victimes sont éplorés.

Corpses have been found in the GPU prison. The Soviets have executed their prisoners before running away. Relatives of the victims are devastated.

Un char *T-34* a semble-t-il été abandonné intact à la lisière de la ville. Pour l'instant, les hommes de la *Leibstandarte* n'ont pas eu à affronter ce remarquable blindé. Il est à noter que le *SS-KB* Roth ne suit pas forcément le même itinéraire que la *Leibstandarte,* comme ces deux reportages viennent de le montrer. Les *SS* que l'on voit dans la ville sont des reporters de la *SS-Kriegsberichter-Kompanie.*

A T-34 tank seems to have been discarded intact on the edge of the city. The Leibstandarte's *men have not yet fought this remarkable tank. It is worth noting that* SS-KB *Roth does not necessarily follow the same itinerary as the* Leibstandarte, *as shown by the last two reports. The* SS *in the city are reporters from the* SS-Kriegsberichter-Kompanie.

Rares sont les photos de *BT-7* sans leurs chenilles. Ce char peut ainsi atteindre les 73 km/h sur route alors que, chenillé, il ne dépasse pas les 53 km/h. Directement dérivé du char américain conçu par J.W. Christie, il est alors le char le plus important sur le plan numérique de toute l'armée soviétique. Insuffisamment blindé et armé, tactiquement mal utilisé, il disparut assez rapidement du champ de bataille.

There are but a few pictures of BT-7 without caterpillars. This way, the tank can reach 73 km/h on road, whereas it cannot go over 53 km/h when fully equipped. Directly derived from the American tank conceived by J. W. Christie, it is at this point the most common tank in all the Soviet army. Insufficiently armoured and armed, misused tactically, it disappeared quite quickly from the battlefields.

Dès l'arrivée des troupes allemandes, des milices sont levées pour assurer l'ordre en remplacement des anciennes forces de police.

As soon as the German troops have arrived, militias are formed to replace former police forces in the maintenance of public order.

Un char lourd *T-35* est examiné par les vainqueurs du jour. Ce blindé à tourelles multiples (avec un canon de 76,2 mm, deux canons de 45 mm et six mitrailleuses) possédait un équipage de 11 hommes. Lent et démodé, il livra son dernier combat devant Moscou.

A heavy T-35 *tank is inspected by the winners of the day. This multiple-turret tank (with one 76.2 mm gun, two 45 mm guns and six machine guns) had a crew made up of eleven men. Slow and outdated, it fought its last combat in the outskirts of Moscow.*

Une automitrailleuse *BA-3* est poussée sur le bas côté à bras d'homme, afin de dégager la route menant vers l'est.

Men shift a BA-3 *armoured car aside by the strength of their arms, in order to clear the road going east.*

Le *SS-KB* Roth vient de retrouver la *Leibstandarte* et assiste à un combat, probablement dans le secteur de Rowno. On voit ici un *Pak 36* de 3,7 cm ouvrir le feu.

SS-KB Roth has just met up with the Leibstandarte and witnesses a battle, probably in the area of Rowno. We can see a 3.7 cm Pak 36 *open fire.*

Première aide apportée à un prisonnier soviétique blessé.
First aid is being given to a wounded Soviet soldier.

Plus loin, c'est un blessé allemand, allongé dans un brancard, que l'on soigne avec attention.
A bit farther, a German casualty lying on a stretcher is being carefully looked after.

Les campagnes de Pologne, de France et de Grèce n'avaient pas coûté trop cher en termes de vies humaines à la *Leibstandarte*. Il en va tout autrement sur le front de l'Est où les Soviétiques se battent avec acharnement. Nous voyons ici quelques tombes fraîchement creusées pour des tués ayant appartenu à la *SS-Flak-Abt. « LAH »*.

The Polish, French and Greek campaigns had not cost the Leibstandarte heavy losses in men. The situation is much different on the Eastern Front, where the Soviets fight fiercely. Seen here are a few freshly-dug graves for casualties from the SS-Flak-Abt. «LAH ».

Nouvelles vues d'un *Pak 36*. Bien que déjà obsolète en 1940, il reste très prisé des photographes et des cameramen des compagnies de propagande.

New shots of a Pak 36. *Although already obsolete by 1940, it remained much appreciated by photographers and cameramen from propaganda companies.*

Reconstitution assez peu convaincante de la destruction d'une automitrailleuse *BA-10* et d'un char lourd *KV-II*.
A hardly convincing reconstruction of the destruction of a BA-10 *armoured car and a heavy* KV-II *tank.*

Une patrouille de la division investit un village de plus. On remarquera le lance-grenades fixé à l'extrémité du canon de la carabine Kar.98.

A patrol of the division besieges another village. Notice the grenade launcher fastened to the end of a Kar.98 gun's barrel.

Un village d'où sont partis des tirs est pilonné et brûle en dégageant de hautes volutes de fumée noire.
A village from which shots were fired is pounded and burns, setting curls of dark smoke high in the sky.

Bref repos pour ce motocycliste couvert de poussière.
A short rest for this motorcyclist covered with dust.

Un *SS-Obersturmführer* non identifié (Hans Diefenthal ?) en discussion avec des hommes du *Heer*.
A unidentified SS-Obersturmführer *(Hans Diefenthal ?) talking with men of the Heer.*

Echange de cigarette entre un conducteur d'une voiture du *SS-Kriegberichter-Zug VII,* qui est rattaché à la *Leibstandarte,* et des soldats du *Heer.*

An exchange of cigarettes between a car-driver from *SS-Kriegberichter-Zug VII* – which is joined to the *Leibstandarte* – and some soldiers of the *Heer.*

Les hommes de Kurt Meyer viennent de découvrir les corps mutilés de soldats d'une compagnie motocycliste allemande, gisant dans un champ à proximité de Broniki. Le cliché peut ainsi être daté avec certitude : nous sommes le 3 juillet 1941.

Kurt Meyer's men have just discovered the mutilated bodies of soldiers from a German motorcycle company, lying in a field near Broniki. Thus the picture can be dated with certainty: it is the 3rd of July 1941.

Exécution d'un commissaire politique par des *Feldgendarmen* de la division. La scène se passe de commentaires. Dans son ouvrage consacré à la *Leibstandarte,* Rudolf Lehmann avait affirmé que Sepp Dietrich n'avait pas fait appliquer le fameux ordre concernant les commissaires politiques. Ce reportage nous montre que la division a obéi à cet ordre à au moins une reprise.

Execution of a political commissar by the division's Feldgendarmen. *The scene speaks for itself. In his book on* Leibstandarte, *Rudolf Lehmann asserted that Sepp Dietrich had not enforced the famous order regarding political commissars. This report shows that the division followed this order at least once.*

Scène de nettoyage d'un village ukrainien par les *Feldgendarmen* de la division. D'évidence, il s'agit d'une reconstitution pour les besoins du *SS-KB* Roth.
Cleaning up of a Ukrainian village by the division's Feldgendarmen. *It is obviously a reconstruction requested by* SS-KB *Roth.*

Colonnes de l'infanterie de la division marchant vers l'Est immense. Contrairement à la scène précédente, il ne s'agit pas de reconstitutions car les soldats sont lourdement chargés, en particulier de caisses de munitions, de fusils-mitrailleurs et de mortiers.

Columns of the division's infantry marching towards the infinite East. Contrary to the previous scene, it is not a reconstruction since soldiers are heavily loaded, especially with munitions boxes, machine guns and mortars.

Reportage sur une batterie de canons de DCA de 8,8 cm *(Flak 36)*. On remarquera la haute silhouette de la pièce qui ne doit compter que sur sa portée supérieure pour l'emporter en cas de combat terrestre, comme c'est ici le cas. Ce canon de 8,8 cm, certainement le plus redouté de la guerre, est en effet à la fois utilisé comme arme antiaérienne et en tant que pièce antichar. Les marques peintes sur le canon de la photo de droite, qui correspondent à six victoires emportées contre des blindés et à un avion abattu, sont là pour l'illustrer.

A report on a battery of 8.8 cm anti-aircraft guns (Flak 36). Notice the long profile of the piece, which can only rely on its superior range to get the upper hand on land, as in this particular case. Indeed, this 8.8 cm gun, which was certainly the most dreaded during the war, is used both as an anti-aircraft weapon and an anti-tank piece. The marks painted on the gun on picture on the right, which celebrate six victories against tanks and the shooting down of a plane, are a good illustration of this.

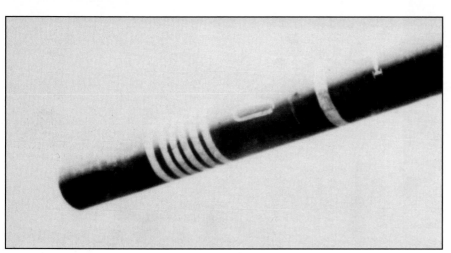

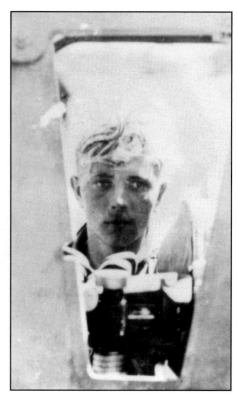

Matériels soviétiques abandonnés dans un village. Il y a, entre autres, un canon de DCA de 76,2 cm et un char *T-26s*. Ce dernier est alors complètement obsolète à cette époque de la guerre. Des versions antérieures à celle-ci, en particulier le *T-26B*, se sont battues en Mandchourie, en Espagne et en Finlande.

Soviet equipment discarded in a village. There are notably a 76.2 cm anti-aircraft gun and a T-26s tank. The latter is completely obsolete at this stage of the war. Previous versions, especially the T-26B one, have fought in Manchuria, Spain and Finland.

Un reporter de la section de correspondants de guerre rattachée à la *LSSAH* est monté à bord d'un *Marder I* appartenant à une unité du *Heer*. On remarquera les tenues noires portées par les membres d'équipage.

A reporter from the war correspondents' section, joined to the LSSAH, *has climbed on board a Marder I which belongs to a unit of the* Heer. *Notice the black outfits of the crew.*

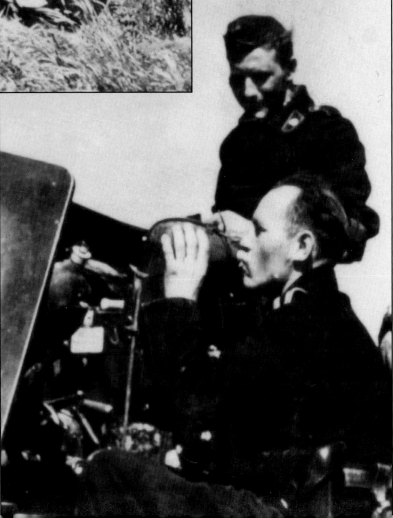

Une estafette au travail et au repos. Porter des messages entre les différents PC est une mission dangereuse car les estafettes sont des cibles de choix pour les snipers ennemis.

A courier off and on duty. Delivering messages between the various headquarters is a dangerous task, since the couriers are choice targets for enemy snipers.

Reportage sur une équipe de canon antichar de 5 cm (*Pak 38*). Contrairement au *Pak 36* de 3,7 cm, le *Pak 38* est une arme efficace, capable de détruire n'importe quel blindé ennemi de l'époque. Avec l'obus *AP 40*, il peut en effet percer 101 mm de blindage à 740 mètres de distance. Léger, peu encombrant et facile d'emploi, son seul défaut réside dans son nombre encore insuffisant au sein des unités de l'armée allemande. Preuve de son efficacité, il sera encore en service en 1945.

*A report on the squad of a 5 cm anti-tank gun (*Pak 38*). Contrary to 3.7 cm Pak 36, Pak 38 is an efficient weapon, capable of destroying any enemy tank of the time. Indeed, when charged with an AP 40 shell, it can pierce 101 mm of armour-plating from a distance of 740 meters. Light, manageable and easy to handle, its only flaw is that there are still too few of them in the German army's units. That it will still be in use in 1945 proves its efficiency.*

Un soldat de la division allume sa cigarette grâce aux débris encore fumants de ce véhicule soviétique détruit.

A soldier of the division lights up his cigarette with the smoking remains of this shattered Soviet vehicle.

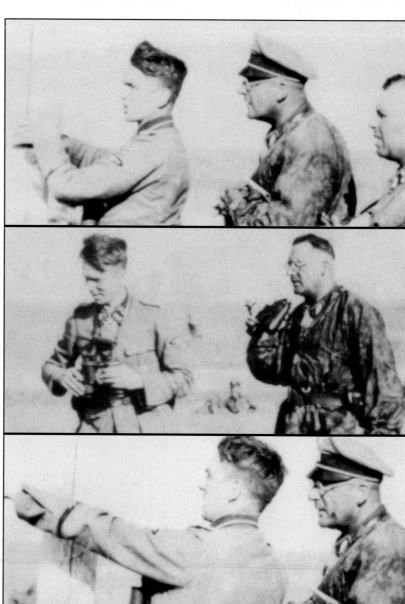

Kurt Meyer et Walter Staudinger encore une fois ensemble en train de discuter de la situation. Ils ne sont plus dans un col d'une montagne grecque mais dans les vastes plaines d'Ukraine.

Another picture showing Kurt Meyer and Walter Staudinger discussing the situation. They are not on a Greek mountain pass any more, but in the vast plains of Ukraine.

Interrogatoire d'un prisonnier soviétique par des hommes du groupe de reconnaissance, non loin d'un *Pak 38* qui a été mis en batterie sur le bas-côté d'une route.

Questioning of a Soviet prisoner by men from the reconnaissance group, near a Pak 38 *unlimbered along a road.*

Ci-dessous : Kurt Meyer, Croix de chevalier au cou, interroge un paysan ukrainien. Celui-ci semble fort bavard. Il indique vraisemblablement la direction dans laquelle les troupes soviétiques se sont repliées.

Below : Kurt Meyer, his Knight's Cross around his neck, is questioning a Ukrainian countryman. The man seems eager to talk. In all likelihood, he is indicating the direction the Soviet troops took when withdrawing.

Un attelage qui a fait ses preuves : un tracteur de trois tonnes *SdKfz.11* et son obusier de 10,5 cm *le.FH18*. On remarquera les nombreux bidons d'essence placés sur le véhicule afin d'éviter la multiplication des ravitaillements en carburant, sources d'attente et signifiant donc d'importantes pertes de temps. Aussi primordiales que le ravitaillement en essence et en munitions sont l'observation et les communications.

A successful coupling: a three-ton SdKfz.11 *tractor and its 10.5 cm howitzer, the* FH18. *Note the numerous jerry cans fastened to the vehicle to avoid too many stops for refuelling, which cause soldiers to wait and are thus a significant waste of time. As crucial as fuel and munitions supplies are observation and communications.*

Deux éclaireurs motocyclistes au lever du jour. Dans l'immensité de l'URSS, le travail de reconnaissance est d'une importance capitale.

Two scout motorcyclists at dawn. In the vastness of the USSR, reconnaissance is of the utmost importance.

Entrée des troupes de la *Leibstandarte.* Celles-ci croisent immanquablement de nombreux réfugiés civils fuyant la guerre.

The Leibstandarte *troops come in. They inevitably meet many civilian refugees fleeing the war coming their way.*

Reportage sur un obusier lourd de *15cm s.FH18* avec son tracteur de 8 tonnes *SdKfz.7 Typ KM m11.* Ce dernier est fabriqué par la société Krauss-Maffei depuis 1937. Sa production sera poursuivie jusqu'en 1945. Malgré son poids (9 750 kg), il n'est mu que par un moteur de 140 chevaux à 2 600 tours par minute. Celui-ci lui confère tout de même une vitesse de 50 km/h sur route. Son autonomie n'est que de 250 km sur route et de 120 km en tout terrain. Il tracte habituellement les obusiers de 15 cm et les canons de 8,8 cm. Il sert également de châssis pour les canons de DCA de 3,7 cm et de *2cm-Flakvierling* automoteurs.

A report on a heavy 15cm s.FH18 howitzer with its 8-ton SdKfz.7 Typ KM m11 tractor. This tractor has been manufactured by the Krauss-Maffei company since 1937. Its production is to continue till 1945. In spite of its weight (9 750 kg), it is only powered by an engine developing 140 horsepower at 2 600 revolutions per minute. It still allows it to reach 50 km/h on road. It has a range of 250 km on road, and 120 km on uneven ground. It usually tows 15 cm howitzers and 8.8 cm guns. It is also used as an under-frame for 3.7 cm anti-aircraft guns and 2 cm Flakvierling self-propelled weapons.

Une scène encore relativement peu fréquente mais qui va devenir constante dans quelques mois : soldats tentant de désembourber leur camion.
A still relatively rare scene but which will become more common in a few months time: soldiers struggling to extricate their truck from the mud.

L'accueil très chaleureux de la population ukrainienne est constamment cité par tous les vétérans de l'armée allemande ayant combattu dans le sud du front de l'Est. Il est vrai que les Ukrainiens ont énormément souffert sous le régime stalinien et la *Wehrmacht* est alors perçue, en 1941, comme une armée libératrice. Mais la politique nazie ne voudra pas exploiter cet état de fait qui aurait permis aux Allemands de disposer d'alliés a priori motivés à l'idée de gagner leur indépendance.

The Ukrainian population's really warm welcome is constantly mentioned by all the German veterans who fought south of the Eastern Front. The Ukrainians certainly suffered a lot under Stalin's regime, and in 1941, the Wehrmacht *is considered an army of liberation. However, the Nazi regime will not seek to make the most of a situation that could have ensured the Germans new allies eager to win independence.*

Véhicules de la division se perdant dans l'immensité poussiéreuse de l'Ukraine.
Vehicles from the division lost in the dusty vastness of Ukraine.

Des *SdKfz.7/1* appartenant soit à la *1.* soit à la *2.Batterie/SS-Flak-Abteilung «LAH»*. Ces pièces de 3,7 cm automotrices sont aussi bien engagées contre des objectifs aériens que terrestres. Elles soutiennent très souvent l'infanterie en tirs directs contre des points d'appui ennemis avec des résultats très probants en raison de leur grande puissance de feu.

Some SdKfz.7/1 belonging either to 1. or 2. Battery/SS-Flak-Abteilung «LAH». These 3.7 cm self-propelled weapons are used both on air and land targets. They very often support infantry aiming direct fire at enemy bases of operations, which proves really efficient, thanks to their tremendous fire power.

Un *Wanderer W11 Kübelwagen* négocie prudemment le franchissement d'un petit cours d'eau. Ce véhicule de 1 760 kg à vide, est équipé d'un moteur de 3 litres et 6 cylindres en ligne, développant 60 chevaux à 3 000 tours par minute. Il atteint la vitesse de 85 km/h sur route et consomme 17 litres aux 100 km. Il a été construit entre 1937 et 1941.

A Wanderer W11 Kübelwagen *cautiously negotiates the crossing of a small stream. This vehicle, which weights 1 760 kg when empty, has a 3-litre straight-6 engine, developing 60 horsepower at 3 000 revolutions per minute. It reaches 85 km/h on road and uses 17 litres per 100 km. It was built between 1937 and 1941.*

« Ils sont partis par-là ! » semble montrer
ce vieil homme avec une conviction hési-
tante.
*« They went this way » this old man seems
to say with only moderate conviction.*

Ces camions traversent un terrain sablonneux dont la négociation s'annonce délicate. Les Allemands ont le plus souvent
été surpris, au début de la campagne tout du moins, de voir que des voies de communication, tracées sur leurs cartes
en tant que routes principales, n'étaient en fait que d'infâmes chemins à peine praticables.

*These trucks drive across sandy fields which look hard to negotiate. The Germans have often been surprised, at least at
the beginning of the campaign, at how the communication routes drawn on their maps as main roads were in fact hardly passable paths.*

Voiture arrêtée à l'entrée d'un village. L'un
de ses occupants en est descendu pour
demander des renseignements à un paysan se tenant au bord de la route.

*A car stopped at the edge of a village.
One of its passengers has gone to ask a
countryman standing along the road for
information.*

Ce qui devait arriver vient de se produire : il faut se résoudre à pousser les véhicules sur cette route sablonneuse. Mais sur combien de kilomètres ? Les combats et ces exercices physiques imprévus épuisent les hommes.

It had to happen: soldiers have to push the vehicles on this sandy road. But for how many kilometres? Combat and such unexpected physical exercise tire the men out.

Convoi de la division dans une ville ukrainienne. On voit ici un *schwerer Enheits-Pkw. Typ 40 Kfz.18.* Cette voiture lourde peut transporter huit hommes. Il s'agit d'un 4x4 équipé d'un moteur V8 de 3,6 litres développant 78 chevaux à 3 500 tours par minute. Sa vitesse maximale est de 85 km/h sur route. En raison de la pénurie de tracteurs au sein de l'armée allemande, de nombreux exemplaires sont utilisés pour tracter des *Pak 36* ou encore des *Flak 38,* tâche pour laquelle ils n'avaient pas été conçus.

A convoy of the division in a Ukrainian city. Here is a schwerer Enheits-Pkw. Typ 40 Kfz.18. *This heavy car can carry eight men. It is a four-wheel drive with a 3.6-litre V8 engine, developing 78 horsepower at 3 500 revolutions per minute. Its maximum speed is 85 km/h on road. Due to the shortage of tractors in the German army, many such cars are used to tow pieces such as Pak 36 or Flak 38, although they were not conceived for this task.*

Ces hommes de la division observent des canons de campagne soviétiques de 76,2 mm, visiblement abandonnés intacts par leurs servants. Ce type de canons sera réutilisé par les Allemands pour en faire des pièces automotrices sur châssis de tracteur de 5 tonnes. Ces engins hybrides, très faiblement blindés, seront pour la plupart expédiés en Afrique et employés par l'*Afrika Korps.*

These men from the division examine 76.2 mm Soviet campaign guns, to all appearance left there intact by their servers. This type of gun is to be re-used by the Germans as self-propelled weapons on 5-ton tractors under-frames. These hybrid machines, very poorly armoured, are mostly to be sent to Africa to be used by the Afrika Korps.

Ci-dessus : portail d'entrée d'un kolkhoze.
Above : Entrance portal of a kolkhoz.

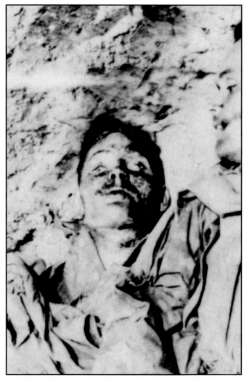

Reportage sur le travail du service funéraire de la division. Il est rare qu'un reporter s'attarde sur les cadavres de sa propre armée. Ces images ne seront pas publiées dans les journaux ou magazines du Troisième Reich mais leur caractère macabre est là pour rappeler que cette guerre à l'Est est particulièrement meurtrière.

A report on the work of the division funeral services. A reporter seldom lingers on casualties of his own army. These pictures will not be published in papers or magazines of the Third Reich, but their macabre nature reminds us that war in the east is particularly deadly.

Camions de la division. Celui de droite transporte des troupes. Celui de gauche, un *Ford G917 T,* vient en sens inverse et appartient à une colonne du train, comme l'indique l'insigne tactique peint sur le garde-boue recouvrant la roue gauche. Le garde-boue de la roue droite, quant à lui, est décoré de l'insigne divisionnaire, le passe-partout (« *Dietrich* » en allemand).

Some trucks of the division. The one on the right is carrying troops. Coming the other way is a Ford G917 T. *It belongs to a service corps column, as shown by the tactical insignia painted on the mudguard covering the left wheel. As for the right mudguard, it is painted with the divisional insignia, the picklock (« Dietrich » in German).*

Epave d'un *T-34.* Ses munitions ont explosé et déplacé la tourelle hors de son emplacement.

Wreck of a T-34. *Its munitions have exploded, dislodging its turret.*

Ci-dessous : images d'un train blindé soviétique détruit. L'Armée Rouge était adepte de ce genre d'armes. Plus tard, les Allemands l'imiteront mais principalement pour protéger les convois ferroviaires dans les zones infestées de partisans, plus rarement en première ligne en appui de l'infanterie.

Below : Pictures of a destroyed Soviet armoured train. The Red Army often used this type of armament. Later on, the Germans emulated them, mainly to protect the rail convoys in areas infested with partisans, and occasionally to support infantry on the first line.

Le *SS-KB* Roth photographie à nouveau des véhicules de la *1.* ou *2.Bttr./SS-Flak-Abteilung « LAH »,* en particulier des *SdKfz.6/2,* tracteurs de 5 tonnes sur lesquels ont été montés des canons de *Flak* de 3,7 cm.

SS-KB Roth takes new pictures of vehicles from the 1. *or* 2. Bttr./SS-Flak-Abteilung «LAH», *especially* SdKfZ.6/2, *5-ton tractors on which 3.7 cm* Flak *guns were fixed.*

Franz Roth s'est ensuite intéressé à une unité de la *Luftwaffe*. Nous vous en montrons ici un seul cliché car son intérêt était assez limité.

Franz Roth then focused on a Luftwaffe *unit. Only one picture features here, the others being of little interest.*

Comme très souvent, Roth a effectué un nouveau reportage sur la condition des paysans dans l'Union Soviétique et y a consacré un grand nombre de photos. Il s'agit ici de montrer les différences de vie entre les Soviétiques et les Allemands.

As was often the case, Roth has made yet another report on the countrymen's living conditions in the Soviet Union, devoting an entire film to it. The report aims at showing the differences in the living conditions of the Soviets and the Germans.

Wegweiser. Chaque carrefour situé dans les territoires conquis par la *Wehrmacht* se hérisse de poteaux couverts de panneaux indiquant la direction à suivre pour retrouver telle ou telle unité. Il n'est pas rare que des partisans profitent de la nuit pour inverser des panneaux et égarer ainsi des convois entiers.

Wegweiser. In territories conquered by the Wehrmacht*, each crossroad is spiked with posts covered in signs, showing the way to such and such unit. Partisans often take advantage of the night to reverse signs and thus mislead entire convoys.*

En fonçant vers l'est, la section de reporters de guerre croise fréquemment des colonnes de prisonniers soviétiques marchant vers la captivité. Celle-ci s'étire à perte de vue. Il est possible que ce cliché illustre la fin de la bataille d'Ouman où plus de cent mille soldats soviétiques ont été capturés.

As the reporters' section rushes east, it often comes across columns of Soviet prisoners walking towards captivity. This one stretches out interminably. This picture may illustrate the end of the Ouman battle, during which more than one hundred thousand Soviet soldiers were captured.

Sepp Dietrich en conversation avec un général du *Heer* titulaire de la Croix de chevalier (von Kleist ayant mis des lunettes ?).

Sepp Dietrich talking with a general of the Heer *holder of the Knight's Cross (von Kleist wearing glasses?).*

Reportage sur une cité industrielle soviétique dont les installations ont été sabotées avant l'arrivée des Allemands. Il est possible qu'il s'agisse de Cherson.

A report on a Soviet industrial city whose installations have been sabotaged before the Germans' arrival. It may be Cherson.

Nouveau reportage sans caractère guerrier. Franz Roth s'est ici intéressé à la vie d'un village, avec les moissons, l'entretien des tracteurs, avec l'aide de soldats de la *Leibstandarte,* et à la réouverture des églises, fermées sous l'ère bolchevique.

Another report unrelated to the conflict. Here, Franz Roth, assisted by some soldiers of the Leibstandarte, *investigate the daily life of a village, showing the harvest, the maintenance of the tractors, as well as the reopening of churches that had been shut down during the Bolshevik era.*

Suit un nouveau et long reportage sur les services funéraires de la division et la confection de tombes. Nous vous montrons ici le résultat final.

Next is another long report on the funeral services of the division and the digging of graves. This picture shows the final result.

Reconstitution fort posée de l'attaque d'un train soviétique. Plusieurs chars y ont été détruits : des *T-26*, chars légers construits à plus de 12 000 exemplaires entre 1931 et 1940, et des *T-28*, chars moyens entrés en service en 1933 et équipés d'un canon court de 76,2 mm. Possédant un blindage allant jusqu'à 80 mm d'épaisseur, ces derniers ont vu leur production cesser au profit de celle du *T-34*.

A highly posed reconstruction of the attack on a Soviet train. Several tanks have been destroyed: several T-26 – 12 000 light tanks of this type were built between 1931 and 1940 – as well as several T-28, which are medium tanks with short 76.2 mm guns introduced in 1933.

Franz Roth s'est également essayé à la photographie d'art avec ce contre-jour montrant un canon *Flak 36* de 3,7 cm à proximité d'un moulin à vent.

Franz Roth also tried his hand at artistic photography, for instance in this backlit shot of a 3.7 cm Flak 36 *gun close to a windmill.*

Voici deux photos d'un nouveau reportage sur la vie dans les campagnes.

Two pictures from another report about life in the countryside.

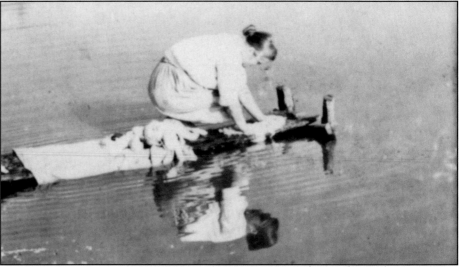

Cette voiture lourde nécessite l'aide de ses passagers pour se mouvoir dans ce champ bien qu'étant un 4x4.
This heavy car requires the help of its passengers to get going in this field, even though it is a four-wheel drive.

Déploiement d'une unité de la division dans un terrain vallonné. Il est probable qu'il s'agisse d'une formation d'infanterie.
Deployment of a unit of the division on undulating ground. It is probably an infantry formation.

Belle image d'un *SS-Obersturmführer* non identifié et portant une veste de treillis, en conversation avec l'un de ses hommes.
Nice picture of an unidentified SS-Obersturmführer *in a combat jacket, talking with one of his men.*

Extraits d'un reportage montrant comment une pièce de *2cm-Flak 38* appuie l'attaque d'une unité d'infanterie dans la steppe immense.
Extracts from a report showing how a 2 cm Flak 38 *piece backs up the attack of an infantry unit in the endless steppe.*

Un village est atteint et aussitôt nettoyé. A en juger par l'attitude des hommes, il ne s'agit pas d'une reconstitution car ceux-ci semblent vraiment sur leur garde.

A village is besieged and immediately cleaned out. Judging by the men's behaviour, it is not a reconstruction, since they really seem to be on their guard.

Progression d'un tracteur d'une tonne (*SdKfz.10*) auquel est attelé un canon antichar *Pak 38*. Deux hommes sont montés sur la pièce pour faire contrepoids.

Progress of a one-ton tractor (SdKfz.10) to which an anti-tank Pak 38 gun has been hitched up. Two men are standing on the piece to act as counterbalance.

Nouveau reportage sur le service funéraire de la *Leibstandarte* ! (Pellicule Nr.61). Nous ignorons pourquoi Franz Roth s'est tant acharné à montrer ce type de travail.

Another report on the Leibstandarte's *funeral services! (Film Nbr.61). It is not known why Franz Roth chose to show this kind of work over and over again.*

De temps à autre, Roth photographie les véhicules de sa section. On voit ici une *Skoda Popular 1100*, un véhicule civil militarisé pour l'occasion.

From time to time, Roth photographs the vehicles of his own section. Here is a Skoda Popular 1100, a civilian vehicle militarised for the sake of the mission.

Progression de l'infanterie dans la steppe. On voit ici à quel point les fantassins sont exposés sur ce type de terrain n'offrant que peu d'abris.

Infantry is progressing on the steppe. It is clear from this picture how the infantrymen are an easy target on this type of field, where there is hardly any shelter.

Un canon *Pak 36* de 3,7 cm est dépassé par une colonne d'infanterie. A défaut d'être efficace contre les chars ennemis, le *Pak 36* possédait l'avantage d'être disponible en grand nombre, d'être léger et maniable. En tirant des munitions explosives, il pouvait également jouer un rôle en appui de l'infanterie.

An infantry column passes a 3.7 cm Pak 36 *gun. Though* Pak 36 *was not efficient against enemy tanks, it had the advantage of being available in great number, light and manageable. When firing explosive munitions, it could also back up infantry.*

Un side-car nécessite de l'aide pour se mouvoir. Déployer des véhicules en tout-terrain n'est jamais une affaire facile. En Union Soviétique, les missions remplies par les motocyclistes pouvaient l'être à moindre frais par des cavaliers.

This side-car requires help to get going. Deploying vehicles on uneven fields has never been easy. In the Soviet Union, missions accomplished by motorcyclists could be achieved more easily by horsemen.

Un ancien camp de l'Armée Rouge a été investi. Sur un terrain aussi plat, un mirador permet une observation sur une très grande distance.

A former camp of the Red Army has been besieged. On such flat ground, a watchtower allows observation over a wide area.

Un train soviétique a été détruit. Voyez comment cette locomotive a souffert des coups de l'artillerie allemande.
A Soviet train has been destroyed. See the havoc the German artillery has wreaked on the locomotive.

Des véhicules de la division se déplacent sur une route qui semble bien plus carrossable que les autres... par temps sec. Chaque fois qu'ils l'ont pu, les Allemands ont tenté de profiter de ces rares axes pour conduire une guerre de mouvement.

The division's vehicles are driving on a track that seems much more passable than others... at least when the weather is dry. Whenever possible, the Germans tried to take advantage of the few proper roads to wage a war of movement.

Une colonne du groupe de reconnaissance progresse vers l'Est. On aperçoit au fond une automitrailleuse à huit roues.

A column from the reconnaissance battalion progressing east. At the back is an eight-wheeled armoured car.

Célébrissime portrait de Kurt Meyer lors de la bataille d'Ouman, comme cela avait été légendé à l'époque par les services de presse du Dr Goebbels.
The tremendously famous portrait of Kurt Meyer during the battle of Ouman, as captioned by Dr Goebbels' press department.

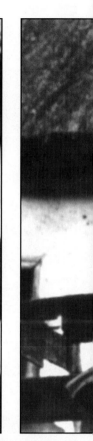

Ci-dessus et page suivante : reportage bien connu sur ces éclaireurs tirant sur des soldats soviétiques en fuite. On remarquera plus particulièrement la lunette de visée montée sur le *Kar 98* et le trépied de la mitrailleuse *MG-34,* en principe destiné à l'utiliser contre des cibles aériennes.

Above and next page : *A famous report on these scouts shooting at Soviet soldiers on the run. Note especially the sights fastened to the* Kar 98 *and the* MG-34 *machine-gun's tripod, which are supposed to turn them into anti-aircraft weapons.*

Barrage d'artillerie à l'horizon. A priori, il s'agit de tirs de l'artillerie lourde.

An artillery barrage on the horizon. It looks like heavy artillery's fire.

Le groupe de reconnaissance pénètre dans un village où les Soviétiques ont abandonné quelques véhicules. Des automitrailleuses légères *SdKfz.222* tentent de se faufiler entre eux.

The reconnaissance battalion is entering a village where the Soviets have abandoned a few vehicles. Light SdKfz.222 armoured-cars are trying to thread their way through them.

Un officier non identifié observe le terrain ou fait mine de l'observer pour les besoins de Franz Roth.

An unidentified officer is watching the field, or is pretending to do so at Franz Roth's request.

Un mortier de 8,1 cm (*Gr.W.34*) en action. Il s'agit alors du mortier le plus lourd dont disposent les Allemands. Il peut expédier un projectile de 3,5 kg à une distance de 2 400 mètres.

An 8.1 cm mortar (Gr.W.34) in action. It is then the Germans' heaviest mortar. It can launch a 3.5 kg projectile 2 400 meters away.

Canons d'infanterie de 7,5 cm (*le.IG 18*) au travail. On notera la fumée dégagée par les tirs.

7.5 cm infantry guns (le.IG 18) in action. Notice the smoke given off by the firing.

Günther D'Alquen, en tenue camouflée, discute avec des officiers du régiment d'artillerie. On reconnaît parmi eux le *SS-Sturmbannführer* Gustav Mertsch.

Günther D'Alquen, in camouflage dress, is talking to some officers from the artillery regiment. Among them is SS-Sturmbannführer *Gustav Mertsch.*

Dans bien des cas, les hommes ne quittent pas leurs véhicules pour s'alimenter afin de ne pas perdre de temps et de pouvoir réagir à toute attaque surprise venant de l'ennemi.

Men seldom leave their vehicles to eat, in order not to waste time and to be able to counter any surprise attack from the enemy.

Formation de *Ju 87 « Stuka »* passant au-dessus des lignes de la *Leibstandarte.*
A formation of Ju 87 « Stuka » *flying above the* Leibstandarte*'s lines.*

La *Luftwaffe* vient de larguer des containers d'essence afin de ravitailler la pointe de la division. Un *SS-Unterscharführer* en a profité pour se confectionner un foulard avec le tissu du parachute.

The Luftwaffe *has just dropped petrol containers to supply the head of the division. An* SS-Unterscharführer *seized the opportunity to make himself a scarf out of a parachute.*

Günther D'Alquen en discussion avec Fritz Witt. Ce dernier semble lui montrer où se trouvent les lignes ennemies.

Günther D'Alquen is talking to Fritz Witt. The latter seems to be showing him where the enemy lines are.

Georg Schönberger vient de se joindre à leur conversation. Il porte le manteau en caoutchouc des motocyclistes.

Georg Schönberger comes to join in their discussion. He is wearing a motorcyclist rubber coat.

Automitrailleuse légère *SdKfz.222* en position d'observation sur le pont franchissant un affluent du Dniepr.
A light SdKfz.222 *armoured car in observation position on the bridge crossing a tributary of the Dnieper river.*

Ci-dessous et pages suivantes : images de la fin de la bataille d'Ouman où des dizaines de milliers de soldats soviétiques ont été capturés, ainsi qu'une grande quantité de matériels. Franz Roth s'est particulièrement attardé sur des femmes soldats et sur les pièces d'artillerie de tous types qui jonchent le terrain. Parmi elles, on reconnaîtra des canons antiaériens *Bofors* de 40 mm.

Below and next page : Pictures taken at the end of the battle of Ouman, where tens of thousands Soviet soldiers were captured, as well as a large quantity of equipment. Franz Roth's camera particularly lingered on women soldiers and pieces of artillery of all kinds scattered around the field. Among them are some 40 mm Bofors anti-aircraft guns.

Reportage très connu montrant des éclaireurs du groupe de reconnaissance en action sur les bords du Dniepr. Nous vous en montrons ici la presque intégralité. Les maquettistes apprécieront les détails de la planche de bord des *Kübelwagen*.

A very famous report showing some scouts from the reconnaissance battalion in action along the banks of the Dnieper. The report is reproduced almost in full here. Model makers will appreciate the details of the Kübelwagen's *instrument panel.*

114

116

La *Leibstandarte* croise la route d'une unité hongroise.

The Leibstandarte *comes across a Hungarian unit.*

Travail d'entretien sur un canon antiaérien *2cm-Flak 38.*

Maintenance of a 2 cm anti-aircraft Flak 38.

Le ravitaillement en essence est une tâche primordiale dans une guerre moderne. Ces hommes s'escriment à remplir des bidons à partir de wagons citernes (capturés ?) afin de les faire passer au plus vite aux unités motorisées.

Petrol resupplying is an essential task in modern wars. These men are wearing themselves out filling cans out of (captured?) tank wagons in order to transfer them to motorized unities as soon as possible.

Un prisonnier soviétique est chargé de déminer une zone où ont été enterrées des mines en coque de bois, indétectables par les appareils de déminage conventionnels. Une fois sa tâche accomplie, le prisonnier est emmené à bord d'un side-car en compagnie de ses geôliers.

A Soviet prisoner is asked to clear a zone where wooden-shelled mines have been buried, since conventional mine-clearing devices cannot detect them. Once his task is completed, the prisoner is brought to a side-car by his gaolers.

Combats pour la prise d'un village. Il s'agit également d'un reportage bien connu.
Battle for the capture of a village. This report is also quite famous.

Une mine en bois a été trouvée et elle est emportée avec précaution par ce sapeur du génie.
A wooden mine has been found and is cautiously carried away by a sapper from the engineer division.

Un officier observe des restes d'équipements soviétiques jonchant le terrain. Le chevron signale que cet officier est un « alter Kämpfer ».
An officer is looking at the remains of some Soviet equipment scattered on the field. The chevron means that this man is an « alter Kämpfer ».

Une automitrailleuse *BA-10* a été détruite à proximité du village et l'un de ses membres d'équipage a survécu. Il est aussitôt capturé.

A BA-10 armoured car was destroyed near this village and one crew member survived. He is captured at once.

Un autre soldat soviétique a été fait prisonnier dans le village. Celui-ci part vers un officier pour un interrogatoire.

Another Soviet soldier has been taken prisoner in the village. He is walking towards an officer to be interrogated.

Kurt Meyer se repose à l'issue du combat.

Kurt Meyer is taking a rest after combat.

Peu de temps après, le groupe de reconnaissance reprend son avancée vers l'Est en soulevant de grands nuages de poussière.

Shortly after, the reconnaissance battalion resumes its progression east, raising big clouds of dust on the way.

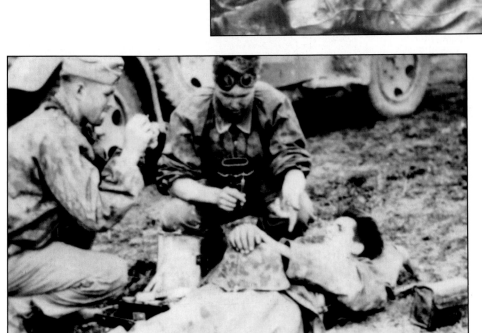

Un soldat a été blessé et il est pris en charge par des hommes des services médicaux. On lui prépare une injection de morphine pour calmer sa douleur.

An injured soldier is being taken care of by some men from the medical services. They prepare him a morphine injection to relieve his pain.

Dans un village récemment tombé entre leurs mains, ces *SS* parcourent avec attention des messages transmis par les autorités soviétiques aux habitants.

In a village they have just invested, these SS are carefully reading messages sent by the Soviet authorities to the inhabitants.

Des fusils équipés de baïonnettes ont été trouvés dans un local de police. Un homme de la division s'en est emparé et tente d'en jauger les capacités. Il s'agit d'un Mosin-Nagant d'un modèle ancien.

Guns with bayonets have been found on police premises. A man of the division got hold of them and is trying to assess their capacities. It is an old Mosin-Nagant *model.*

Page suivante : célèbre portrait d'un *SS-Oberscharführer* resté anonyme. Le port de tête est haut, le regard déterminé. L'homme est confiant dans l'avenir, il est le type même du sous-officier *SS* : dur et endurant, courageux et combatif. L'image même que la propagande veut donner de la *Waffen-SS*.

Next page : *Famous portrait of an SS-Oberscharführer who remained anonymous. His bearing is quite noble, his look determined. The man has faith in the future, he is the typical SS non-commissioned officer: tough and resilient, brave and eager to fight. The very picture the propaganda wants to give of the* Waffen-SS.

Erich Olboeter, à gauche, fait un rapport qui semble causer des inquiétudes à Wilhelm Weidenhaupt. Ce dernier ne va pas connaître la carrière fulgurante de bien de ses collègues chefs de bataillon en 1941, comme Wisch et Witt, tous deux devenus commandants de division dans les deux ans. En effet, Weidenhaupt est toujours chef de bataillon en 1944 et il sera grièvement blessé en Normandie, mettant un terme à une carrière relativement terne.

Erich Olboeter, on the left, is giving an oral report that seems to worry Wilhelm Weidenhaupt. The latter was never to have the dazzling career many of his battalion major fellows in 1941 enjoyed, such as Wisch or Witt, who both became division majors within two years. Indeed, Weindenhaupt was still battalion major in 1944 before being seriously wounded in Normandy, which put an end to a quite lacklustre career.

Un servant d'une mitrailleuse *MG-34* en configuration antiaérienne sur les bords du Dniepr. Comme l'illustrent parfaitement ces deux clichés, la plupart des soldats de la *Waffen-SS* sont minces, voire maigres. En cette période de la guerre, les soldats ne se plaignent pourtant pas d'un manque de ravitaillement en nourriture. Mais les périodes passées à l'instruction ont littéralement fait fondre les kilos superflus, et le front n'est pas vraiment l'endroit idéal pour les regagner.

A server of a MG-34 machine gun in anti-aircraft configuration on the banks of the Dnieper. As both pictures clearly show, most Waffen-SS *soldiers are thin, even skinny. Though soldiers do not complain about insufficient food supplies at this time of the war, the period they spent in army training has literally melted their extra kilos away, and the front is not the best of places to put them back on.*

Erich Olboeter, chef de compagnie au sein du groupe de reconnaissance, est connu pour son agressivité et son courage sur le champ de bataille. Il recevra du reste la Croix allemande en or le 21 mars 1943 et la Croix de chevalier le 28 juillet 1944 en tant que commandant du *III.(gep.)/SS-Pz.Gren.Rgt.26* de la *12.SS-Panzer-Division « Hitlerjugend »*.

Erich Olboeter, company major from the reconnaissance battalion, was known for his aggressiveness and bravery on the battlefield. Indeed, he was given the German Golden Cross on the 21st of March 1943, and the Knight's Cross on the 28th of July 1944 as major of the III.(gep.)/SS-Pz.Gren.Rgt.26 *of the* 12.SS-Panzer-Division «Hitlerjugend».

Une colonne de la *Leibstandarte,* ici des camions *Opel-Blitz* de 3 tonnes, progresse. On remarquera la mitrailleuse en configuration antiaérienne, protégée de la poussière par un sac.

A column of the Leibstandarte *– here, 3-ton* Opel-Blitz *trucks – is progressing. Notice the machine gun set in anti-aircraft configuration, protected from the dust by a bag.*

Un port soviétique a été capturé (Cherson ?). Des soldats de la *Luftwaffe* passent devant un wagon de tramway qui a brûlé.

A Soviet port has been captured (maybe Cherson ?). Some Luftwaffe *soldiers are walking past a burnt-down tramway car.*

Ci-contre et page suivante : images de destruction du port soviétique malheureusement non identifié.

Right and next page : *Pictures of an unfortunately unidentified Soviet harbour which has been completely destroyed.*

Reportage sur une unité du *SD* chargée du nettoyage d'une localité du sud de l'Ukraine.

A report on an SD unit in charge of the cleaning up of a town in south Ukraine.

Réparation d'un véhicule par l'atelier divisionnaire. A en juger par le niveau du
démontage, il y a encore du pain sur la
planche !

*The divisionary workshop crew is repairing
a vehicle. Judging by the progress of the
dismantling, there is still a lot of work to
be done!*

Kurt Meyer inverse les rôles et conduit une
moto, son propriétaire habituel étant relégué
à l'arrière. Cette image est destinée à montrer que le populaire *Panzermeyer* sait tout
faire et ne laisse à personne le soin d'effectuer les tâches les plus élémentaires.

*Kurt Meyer inverts roles by driving a motorcycle,
its usual owner relegated to the back. This
picture aims at showing how the popular
Panzermeyer has universal know-how and
won't delegate the most elementary tasks.*

Très beau cliché d'un *Kfz.18.* Comme le
montre son immatriculation, celui-ci n'appartient pas à la *Leibstandarte* mais à une unité
du *Heer.*

*Beautiful picture of a Kfz.18. As shown by its
registration number, it does not belong to the
Leibstandarte, but to a unit of the Heer.*

Ce soldat jette un coup d'œil sur des images de propagande soviétique. Nous sommes loin du front car le soldat a troqué son casque pour un calot.

This soldier glances at Soviet propaganda pictures. He must be far from the front, given that he has swapped his helmet for a forage cap.

Une affiche appelant à tuer le cafard nazi est décrochée. Le dessin explicite arrache un sourire au *SS* chargé de cette tâche.

A public notice inviting people to kill the Nazi cock-roach is taken down. The explicit drawing wrings a smile out of the SS performing the task.

Ce soldat est en train de récupérer une étoile sur un emblème communiste apposé à l'entrée d'un bâtiment officiel.

This soldier is saving a star from a communist emblem plastered on the entrance of some official building.

Un suspect – ou un ancien membre de l'administration communiste – a été arrêté et mené vers un poste où il sera interrogé.

A suspect – or former member of the communist administration – has been arrested and is being led to a post for questioning.

Ci-dessous : une pièce de *2cm-Flak 38* a été mise en batterie à la sortie de la localité afin de prévenir tout retour offensif de l'ennemi.

A 2 cm Flack 38 *weapon has been unlimbered at the edge of town to forestall any offensive comeback from the enemy.*

Ci-dessous : à l'arrière, l'administration allemande se met en place dans les territoires occupés. Un couple a ici affaire à un *SS-Hauptsturmführer* du *SD.* Le sourire de la femme semble quelque peu forcé et il ne peut cacher un soupçon d'inquiétude dans son regard.

Below : Behind the lines, the German administration is settling down on newly-occupied territories. Here, a couple is talking to a SS-Hauptsturmführer of the SD. *The woman's smile seems a little forced and the man's look betrays a hint of anxiety.*

Le tracteur de 12 tonnes (*SdKfz.8*) est vraiment d'une masse imposante. Il tracte ici un obusier lourd de 15 cm (*sFH18*) et transporte à son bord tous les servants de la pièce.

The bulk of this 12-ton tractor (SdKfz.8) is really impressive. Here, it is towing a 15 cm heavy howitzer (sFH18) and carrying on board all the servers of the piece.

Franz Roth est monté dans un *Fieseler Storch* et a pris des photos des unités allemandes franchissant le Dniepr ou se trouvant dans ses abords immédiats. Le spectacle est impressionnant.

Franz Roth has climbed on board a Fieseler Storch to take pictures of the German units crossing the Dnieper, or reaching the immediate outskirts. The sight is impressive.

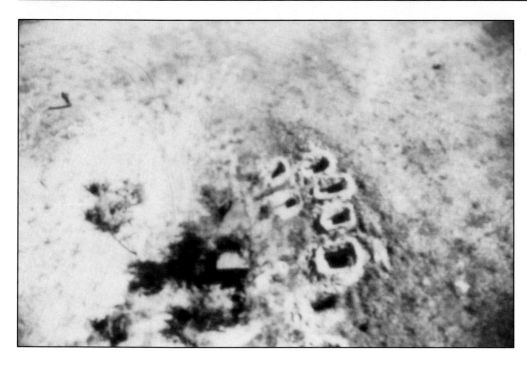

Anciennes positions soviétiques abandonnées.

Abandoned former Soviet positions.

Il fait chaud et les hommes ne se trouvant pas en première ligne prennent des libertés avec le règlement. Ces servants d'une pièce de *2cm-Flak 38* ont tout bonnement enlevé leurs chemises et leurs vestes.

It is hot and men who are not on the front line take liberties with the rules. These servers of a 2 cm Flak 38 piece have simply taken out their shirts and jackets.

Les énormes masses de prisonniers soviétiques constituent toujours un excellent sujet pour la propagande allemande.

Huge gatherings of Soviet prisoners always make an excellent subject for German propaganda.

Reportage sur une unité de chasse de la *Luftwaffe* équipée de *Messerschmitt Bf 109*. L'un des pilotes a déjà 25 victoires à son actif.

A report on a Luftwaffe unit of fighters equipped with Messerschmitt Bf109. *One of the pilots already has 25 victories to his credit.*

La traversée du Dniepr est gérée par un état-major spécial chargé de contrôler et de réguler le trafic.

The crossing of the Dnieper is managed by a special staff in charge of controlling and regulating traffic.

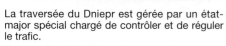

Les Soviétiques réagissent en pilonnant violemment les premières lignes allemandes.

The Soviets react by violently pounding German front lines.

Ci-contre et pages suivantes : reportage sur une unité motocycliste appartenant vraisemblablement au groupe de reconnaissance. Sans cesse en pointe de la division, ces hommes affrontent un danger constant. Le moteur de leurs véhicules constitue leur meilleure protection.

Above and next page : *A report on a motorcycle unit belonging, in all likelihood, to the reconnaissance battalion. Because they are always in the forefront of the division, these men have to face constant danger. Their vehicles' engines are their best protection.*

Après les éclaireurs, Roth s'intéresse à des sapeurs en train de déminer le terrain. Là aussi, c'est une tâche très dangereuse, indispensable mais sans promesse de gloire.

Leaving the scouts, Roth now follows a group of sappers who are clearing a field of mines. Yet again, the task is very dangerous, and however essential their mission might be, it is unlikely to bring them any glory.

Kurt Meyer et Sepp Dietrich, deux personnages charismatiques de la *Leibstandarte*.

Kurt Meyer and Sepp Dietrich, two charismatic characters of the Leibstandarte.

Réparation effectuée sur une moto. Les hommes de Kurt Meyer n'ont guère le temps de souffler. Quand ils ne sont pas engagés, ils doivent veiller à la bonne maintenance de leurs véhicules.

A motorbike is being repaired. Kurt Meyer's men are never given a breather. Off the battlefield, they have to deal with the maintenance of their vehicles.

Ravitaillement d'un poste avancé par side-car.

A side-car is resupplying an advanced post.

Enfin un peu de repos sous un soleil de plomb. La toile de tente (*Zeltbahn*) sert à créer un peu d'ombre.

At long last, a bit of rest under a blazing sun. Tent sheets (Zeltbahn) provide a little shade.

En atteignant la steppe nogaïque, les hommes de la division découvrent une région qui ne ressemble plus tout à fait à l'Europe, par sa végétation et par sa faune. Les *SS* font ainsi connaissance avec les pastèques et les chameaux. Les pastèques peuvent être mangées mais aussi servir de ballons pour des exercices physiques.

Stepping out on the Nogaic steppe, the division's men discover a region that does not really look like Europe any more, as far as vegetation and wildlife are concerned. For instance, the SS come across watermelons and camels. Watermelons can both be eaten or be used as balls for physical exercise.

Au mois de septembre, le temps se rafraî-
chit nettement. On voit ici une voiture
légère de la division franchir des fortifications soviétiques, vraisemblablement
situées sur l'un des isthmes menant à la
Crimée.

*When September comes, the weather
gets really cooler. On this picture, a light
car from the division gets through Soviet
fortifications, probably on one of the
isthmus leading to the Crimea.*

La marche en avant doit reprendre. Sepp
Dietrich vient s'en assurer en personne.
Il est ici dépassé par un tracteur semi-
chenillé *SdKfz.8* avec son canon de 8,8 cm
attelé.

*Progress must resume. Sepp Dietrich
comes himself to make sure it will. Passing
by him is a partially-tracked* SdKfz.8
tractor with an 8.8 cm gun coupled on.

Ravitaillement organisé dans la steppe. Chaque véhicule dépêche l'un de ses hommes pour aller faire le plein d'essence à l'aide de bidons de 25 litres. L'essence provient de fûts de 200 litres et elle est distribuée depuis la plate-forme d'un camion.

Resupplying on the steppe. Each vehicle has one man sent to fill up using 25-liter cans. Petrol comes out of 200-liter barrels and is distributed from the platform of a truck.

Le nombre de prisonniers tend désormais à diminuer. Toutefois, chaque occasion est bonne pour prendre quelques clichés, surtout lorsqu'il y a des femmes soldats, comme ici.

The number of prisoners is now on the wane. However, no opportunity to take pictures should be missed, especially when there are women soldiers, as is the case here.

Un épisode qui a été raconté dans « *Das schwarze Korps* », le journal de la *Waffen-SS* : il s'agit de la première rencontre entre un canon d'assaut *(StuG.III)* de la *Leibstandarte* avec un *T-34*, près de Mariupol. Les obus tirés à une distance de 25 mètres ne parviennent pas à percer le blindage du char soviétique. Le *SS-Unterscharführer* Bergemann tente alors de détruire le *T-34* avec une mine mais il est abattu avant d'avoir pu l'accrocher. Ce sont finalement des bouteilles d'essence enflammées qui viendront à bout du colosse d'acier soviétique. Le corps du malheureux Bergemann est évacué par ses camarades.

An episode recounted in the Waffen-SS paper «Das schwarze Korps » : the first encounter between an assault gun (StuG.III) of the Leibstandarte and a T-34, near Mariupol. Shells sent from a distance of 25 meters fail to pierce the Soviet tank's armour plating. SS-Unterscharführer Bergemann tries then to destroy the T-34 with a mine, but is shot down before fastening it. Finally, blazing petrol bottles get the better of the Soviet steel colossus. Poor Bergemann's body is evacuated by his companions.

Automitrailleuses, canons d'assaut et canons antichars œuvrent de concert pour venir à bout de la défense acharnée des troupes soviétiques. Bien que leur moral reste des plus élevés, les hommes de la division commencent à se douter que la victoire ne sera pas acquise avant l'hiver.

Armoured cars, assault guns and anti-aircraft guns work together to overcome the fierce defence of the Soviet troops. Although they keep their spirits up, the division's men start figuring out that victory will not be won before winter.

Les motocyclistes du groupe de reconnaissance font leur entrée à Mariupol.

The motorcyclists of the reconnaissance battalion enter Mariupol.

Ils sont appuyés par les canons d'assaut de l'*Abteilung « Schönberger »* qui regroupe les éléments blindés et chenillés de la division (canons d'assaut et chasseurs de chars).

They are backed up by the assault guns of the « Schönberger » *Abteilung, which unites the division's armoured and tracked pieces (assault guns and tank chasseurs).*

La lutte est âpre. Un obusier soviétique de 122 et ses servants ont été mis hors de combat.

The fight is merciless. A Soviet 122 mm howitzer and its servers have been put out of the fight.

Scène de combat dans Taganrog. Un *Pak 36* ouvre le feu sur les positions soviétiques. Il fait déjà froid et les hommes ont revêtu leurs manteaux.

Battle scene in Taganrog. A Pak 36 opens fire on Soviet positions. It is already cold, and men have put on their coats.

153

Un camion soviétique égaré est tombé dans les lignes allemandes. Des motocyclistes le capturent sans avoir à tirer le moindre coup de feu.

A lost Soviet truck ends up in the German lines. Motorcyclists capture it without even having to open fire.

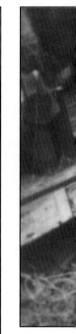

Motocyclistes postés à un carrefour, non loin d'une colonne motorisée ennemie détruite.

Motorcyclists stationed at a crossroads, near the remains of an enemy motorized column.

Les colonnes de la division investissent Taganrog. On voit ici des tracteurs semi-chenillés *SdKfz.10* tractant des remorques et des canons de faible calibre.

The division's columns besiege Taganrog. The picture shows partially-tracked tractors SdKfz.10 towing trailers and light-calibre guns.

Ce soldat soviétique a eu moins de chance que son compatriote des photos précédentes. Les *SS* ne lui ont laissé aucune chance, son véhicule étant tombé dans une embuscade.

This Soviet soldier did not share the luck of his companion shown in pictures before. The SS did not leave him any chance, as his vehicle fell into an ambush.

Un soldat soviétique est tiré sans ménagement de son trou après avoir agité son mouchoir blanc en signe de reddition. Son fusil est aussitôt brisé par un soldat de la *Leibstandarte*.

A Soviet soldier is brutally pulled out of his hole after waving his white handkerchief as a sign of surrender. His gun is broken at once by a Leibstandarte *soldier.*

Non loin de là, Kurt Meyer discute avec un officier du *Heer*.

Nearby, Kurt Meyer is talking with a Heer *officer.*

L'état-major de la division dispose d'un *Fieseler Storch* pour des missions de reconnaissance. L'insigne divisionnaire a été peint de façon très visible sur le capot du moteur.

The division's staff has a Fieseler Storch at its disposal for reconnaissance missions. The divisional insignia painted on the engine hood is plainly visible.

Les combats d'octobre coûtent très chers en vies humaines à la *Leibstandarte*. Voici le nouveau cimetière érigé par ses services funéraires.
October combats have inflicted heavy losses on the Leibstandarte. *Here is the last cemetery set up by the funeral services.*

Gerhard (dit Gerd) Bremer a été décoré de la Croix de chevalier le 30 octobre 1941 pour avoir mené l'attaque ayant conduit à la prise de Mariupol.

Gerhard (a.k.a. Gerd) Bremer has been awarded the Knight's Cross on the 30th of October 1941, for heading the attack leading to the capture of Mariupol.

Un tireur de *MG* s'est posté de façon à prendre une rue en enfilade avec son fusil-mitrailleur. Une rafale a déjà été tirée à en juger par les douilles qui jonchent le sol.

An MG sniper has positioned himself in order to rake a street with his machine gun. Judging by the cartridges scattered on the ground, a hail of bullets has already been shot.

La bataille de Rostow (17 – 21 novembre 1941). Un canon d'assaut vient appuyer l'infanterie dans les combats de rues.

The battle of Rostow (17th -21st of November 1941). An assault gun is coming to back up infantry in street fighting.

Un canon *Flak 36* de 3,7 cm est utilisé contre des points d'appui soviétiques. Sa puissance de feu s'avère redoutable dans ce genre de situation. En revanche, les servants du canon sont très exposés aux tirs ennemis.

A 3.7 cm Flak 36 *gun is being aimed at Soviet bases of operations. Its fire power proves impressive in this kind of situation. However, the gun servers are dangerously exposed to enemy fire.*

Là aussi, les Allemands sont accueillis en libérateurs par la population. A noter qu'à ce moment-là, nombreux sont les hommes de la division à avoir coiffé leurs têtes de chapkas soviétiques dont l'étoile rouge a été ôtée.

In this picture, the Germans are once again welcomed as liberators by the population. Note that at this moment, many men of the division are wearing Soviet fur hats, after removing the red stars from them.

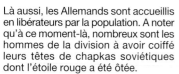

158

Toute l'horreur de la guerre. Un camion soviétique et ses occupants ont été «neutralisés» pour reprendre la terminologie militaire.

The unspeakable horror of war. A Soviet truck and its passengers have been «neutralized», to use military jargon.

Après la victoire obtenue à Rostow, les Allemands tentent sans succès de reprendre l'offensive. Mais leurs moyens sont désormais trop limités. A noter la grande lettre «K» peinte à l'arrière de ce camion. Ce «K» signifie que son unité appartient au *Panzergruppe «von Kleist»* qui est alors rebaptisé *1.Panzerarmee.*

After their victory in Rostow, the Germans vainly try to resume the offensive. But their resources are now too limited. Note the «K» letter painted at the back of this truck. It means that its unit belongs to the Panzergruppe «von Kleist», *then renamed* 1.Panzerarmee.

Un *Kfz.18* de la *Leibstandarte* avec ses huit hommes à bord. Tous portent la chapka russe.

A Kfz.18 of the Leibstandarte, *with eight men on board, all of them wearing Soviet fur hats.*

Même ces servants d'un *Marder I* de l'*Abteilung « Schönberger »* sont coiffés d'une chapka. Il est vrai que les Allemands ne disposent alors d'aucune coiffure pouvant les protéger aussi bien du froid.

Even these servers of a Marder I of the Abteilung «Schönberger» *are wearing Soviet fur hats. Admittedly, at this point of the war, the Germans do not have hats that could protect them so well from the cold.*

Ce soldat, qui a revêtu une blouse camouflée par-dessus son manteau, sourit à la nouvelle victoire remportée par la division. Une mitrailleuse lourde soviétique Maxim a été capturée intacte.

This soldier, wearing a camouflage overall on top of his coat, smiles at the new victory won by the division. A Maxim heavy machine gun of the Soviets has been captured intact.

Pause repas lors des combats pour Rostow. Malgré les conditions de plus en plus difficiles, ces hommes semblent garder un moral à toute épreuve. Il sera néanmoins quelque peu ébranlé lors du repli sur le Mious.

Lunch break during the battle for Rostow. In spite of increasingly harder conditions, these men seem to keep unfailingly high spirits. However, they will be shaken by the withdrawal on the Mious river.

En raison du mauvais temps qui règne en cette mi-novembre, la menace aérienne n'est pas très forte. Cet affût composé de deux *MG-34* est pourtant dirigé vers le ciel, à moins qu'il ne prenne pour cible des objectifs situés en haut des immeubles de la ville.

Due to bad weather in mid-November, the aircraft threat is not too worrisome. This carriage composed of two MG-34 is aiming at the sky though, unless it is targeting objectives on top of the city's buildings.

Artilleurs de la *I.Abteilung/SS-Artillerie-Regiment « LAH »* auprès de leur obusier de *10,5 cm le.FH18.* Ce groupe est dirigé par le *SS-Sturmbannführer* Alexander Sukkau, un officier compétent mais dont la carrière sera brisée en raison d'une « moralité douteuse ». Nous ne savons malheureusement pas ce qui se cache derrière ces mots notés dans son dossier personnel.

Artillerymen of the I.Abteilung/SS-Artillerie-Regiment « LAH » next to their 10.5 cm le.FH18 howitzer. This group is led by SS-Sturmbannführer Alexander Sukkau, a competent officer, whose career is nevertheless to be ruined because of his «doubtful moral». Unfortunately, what is hiding behind these words written down on his personal record is to remain unknown.

La bataille pour Rostow est acharnée. On voit ici un *Marder I,* peu à l'aise dans ce type de combats en raison du manque de protection offert à ses membres d'équipage, se déplacer au pied d'un immeuble en feu.

The battle for Rostow is fierce. Here, a Marder I, unfit for this type of combat because of the lack of protection it provides its crew, is moving down a building on fire.

Franz Roth ne passe pas l'hiver en URSS. Sitôt après les combats pour Rostow, il rentre en Allemagne et effectue quelques reportages d'un intérêt mineur. On voit ici le *SS-Gruppenführer* Hans Jüttner, alors chef du *SS-FHA*, discuter avec le *SS-Oberführer* Werner Dörffler-Schuband.

Franz Roth does not spend the winter in the USSR. Right after the battle for Rostow, he comes back to Germany to make a few reports of minor interest. Here, SS-Gruppenführer Hans Jüttner, *who is at this point at the head of the* SS-FHA, *is talking with* SS-Oberführer *Werner Dörffler-Schuband.*

Hans Jüttner serre la main du *SS-Standartenführer* Viktor Knapp lors de la même réception.

Hans Jüttner is shaking the hand of SS-Standartenführer *Viktor Knapp during the same reception.*

Le *SS-Brigadeführer* Walter Krüger est également présent. Il a gagné sa Croix de chevalier le 13 décembre 1941 en tant que commandant de la *Polizei-Division*.

SS-Brigadeführer Walter Krüger is there as well. He was given the Knight's Cross on the 13th of December 1941 as major of the Polizei-Division.

162

Retour sur le front russe au cours du printemps 1942. Franz Roth immortalise quelques « gueules » de la division, un homme du rang, un sous-officier et un officier. Tous trois sont censés incarner la volonté de fer affichée par la *SS*, et par-delà le Parti et le Reich, à ne rien céder jusqu'à la victoire finale.

Back to the Russian front during the spring of 1942. Franz Roth immortalizes the « mugs » of some men from the division: a private, a non-commissioned officer and an officer. They are supposed to embody the iron will displayed by the SS - and through them by the Party and the Reich - never to give in before final victory.

Mai 1942. Kurt Meyer et son groupe de reconnaissance sont au repos sur les arrières du front. Des exercices sont effectués en présence d'une délégation italienne.

May 1942. Kurt Meyer and his reconnaissance battalion are at rest behind the front lines. Some exercises are made in the presence of an Italian delegation.

Exercice de franchissement d'un réseau de fils barbelés. L'homme de droite porte un pantalon de treillis blanc. A noter que l'on peut apercevoir ici les deux fusils-mitrailleurs d'un même peloton de combat.

Exercises in barbwire-network crossing. The man on the right is wearing the trousers of a white combat uniform. One can catch a glimpse of two machine guns from the same combat platoon.

Le bataillon du génie de la division a construit un pont et l'a baptisé « Sepp Dietrich ».

The division's engineers' battalion has built a bridge and called it «Sepp Dietrich».

Une photographie maintes fois reproduite mais très rarement légendée de façon correcte. D'après la séquence (137ᵉ pellicule), il s'agit sans nul doute d'une automitrailleuse *SdKfz.232* du groupe de reconnaissance de la *Leibstandarte* en mai ou juin 1942, et non de la division « *Prinz Eugen* » ou de la division « *Hitlerjugend* » comme cela a été souvent affirmé.

A picture reproduced many times, but rarely with a correct caption. Judging by the sequence (137th film), it certainly is a SdKfz.232 armoured car of the Leibstandarte's reconnaissance battalion taken in May or June 1942, and not from «Prinz Eugen» or «Hitlerjugend» divisions, as was often stated.

Kurt Meyer montre les nouveaux semi-chenillés blindés de reconnaissance (type *SdKfz.250*) qui équipent depuis peu son unité. Les officiers italiens se montrent fort intéressés.

Kurt Meyer is showing the new partially-tracked reconnaissance tank (type SdKfz.250) his unit has been using for a little while. The Italian officers look keenly interested.

Italiens et Allemands se livrent à un petit concours hippique qui ravit les spectateurs présents.

The Italians and the Germans are engaged in a little horse show that pleases the audience.

Démonstration de tir au *MG34* en configuration lourde.
Fire demonstration with an MG34 in heavy configuration.

Gerd Bremer savoure quelques instants de bonheur pendant la période de repos accordée à la *Leibstandarte* en ce printemps 1942. La vareuse blanche n'était portée que lors des mois d'été.

Gerd Bremer is treating himself to a few moments of happiness during the rest time granted to the Leibstandarte *in spring 1942. The white tunic was only worn during the summer months.*

Sa compagnie se livre toutefois à quelques exercices sous un soleil brûlant.

His company nevertheless exercises under a blazing sun.

Le groupe de reconnaissance se trouve alors en bord de mer et en profite pour effectuer des exercices à bord de canots pneumatiques.

The reconnaissance battalion is then on the seashore and seizes the opportunity to exercise on inflatable dinghies.

168

Ci-dessus : le service est toutefois très allégé et les hommes en profitent pour se distraire. L'alcool sert souvent à oublier les moments difficiles.

Above : However, service is considerably lightened and thus men may relax and enjoy themselves. Alcohol often helps to forget hard times.

Ci-contre : survol d'une unité de la division par un avion de reconnaissance de la *Luftwaffe*.

Right : A reconnaissance plane of the Luftwaffe *is flying over a unit of the division.*

Les camarades tombés au combat ne sont pas oubliés et les hommes viennent réguliè-rement entretenir leurs sépultures. En revan-che, les Soviétiques détruisent systémati-quement tous les cimetières allemands qui tombent entre leurs mains.

Companions killed in action are not forgotten and men often come to look after their graves. On the other hand, the Soviets systematically destroy every German cemetery they come across.

Des motocyclistes de la division « *Wiking* » se trouvent éga-lement dans le même secteur (celui de Stalino). Franz Roth ne manque pas cette occasion de photographier une autre unité *SS* que celle à laquelle il est assigné.

Motorcyclists from the « Wiking » division are also stationed in the same areas (near Stalino). Franz Roth seizes the opportunity to photograph an SS unit he is not assigned to.

Retour de la *Leibstandarte,* en France au cours de l'été 1942. Ces reporters commentent le fameux défilé du 29 juillet sur les Champs-Elysées.

The Leibstandarte *gets back to France during summer 1942. These reporters are commenting on the famous parade of the 29th of July on the Champs-Elysées.*

Les troupes de la division paradent sous les yeux de Paul Hausser, von Rundstedt et Sepp Dietrich.

The division's troops are parading under the eyes of Paul Hausser, von Rundstedt and Sepp Dietrich.

Canons d'assaut *(StuG.III Ausf.F8)* de la *SS-StuG.-Abt. « LAH ».*

Assault guns (StuG.III Ausf.F8) of the SS-StuG.-Abt. « LAH ».

Une voiture d'un état-major passe devant les officiels et l'officier se trouvant à son bord, salue comme il se doit.

A staff car is driving by the officials and the officer on board is giving the required salute.

Un tracteur léger *SdKfz.10* tractant un canon antichar de 5 cm *(Pak 38)* passe à son tour devant les officiels.

A light SdKfz.10 *tractor towing a 5 cm anti-tank gun (Pak 38) passes by the same officials.*

Un *Marder II* de la *SS-Panzerjä-ger-Abteilung « LAH »* sur les Champs Elysées. Ce blindé hybride est construit sur un châssis de *PzKpfw.II Ausf.D* sur lequel a été montée une casemate blindée, abritant un canon antichar de 7,62 cm russe capturé.

A Marder II *of SS-Panzerjäger-Abteilung «LAH» on the Champs-Elysées. This hybrid tank is built on the under-frame of a* PzKpfw.II Ausf.D, *on top of which was assembled an armoured blockhouse sheltering a 7.62 cm anti-tank gun captured from the Soviets.*

Ci-dessus : c'est maintenant au tour du bataillon blindé de défiler dans un grand vacarme de moteurs et de cliquetis de chenilles. On voit ici des *PzKpfw.IV Ausf.F2*.

?????? : *The armoured battalion is now parading in a constant racket of engine noises and caterpillars rattling. Here are several* PzKpfw.IV Ausf.F2.

Ci-contre : colonne de motocyclistes. Il s'agit de side-cars *BMW R75*.

?????? : *A column of motorcyclists on* BMW R75 *side-cars.*

Ci-dessus : le défilé se poursuit avec une unité montée sur *SPW*. La mitrailleuse a été retirée de son bouclier pour laisser la place à un étendard.

Above : *The parade continues with a unit on a SPW. The machine gun has been taken out of its shield and replaced by a standard.*

Ci-contre : canon de *3,7cm-Flak* automoteur sur châssis de *SdKfz.6*, appartenant à la 1. ou à la 2.*Bttr./SS-Flak-Abt.* «*LAH*».

Left : *A 3.7 cm self-propelled* Flak *gun on the under-frame of a* SdKfz.6, *from the* 1. *or* 2.Bttr./SS-Flak-Abt. «LAH».

Voitures lourdes *Kfz.15* d'un régiment de *Panzergrenadiere* dans une rue adjacente aux Champs-Elysées.

Heavy Kfz.15 *cars of a* Panzergrenadiere *regiment on a street off the Champs-Elysées.*

Un *SdKfz.10* tracte un canon d'infanterie lourd de 15 cm *(s.IG 33)*. A son bord ont été montés deux *MG34* couplés en configuration antiaérienne. Ce véhicule se trouve devant le Musée du Louvre.

A SdKfz.10 *is towing a 15 cm heavy infantry gun* (s.IG 33). *Two* MG34 *coupled in anti-aircraft configuration have been set on board. This vehicle is in front of the Louvres Museum.*

Ci-dessus : rue de Rivoli. Vue impressionnante des automitrailleuses à huit roues (*SdKfz.232*) du groupe de reconnaissance, devant la galerie du Bord de l'Eau du Musée du Louvre.

Above : Rue de Rivoli. Impressive view of the reconnaissance battalion's eight-wheel armoured cars (SdKfz.232), *in front of the Galerie du Bord de l'Eau of the Louvres Museum.*

Ci-contre : voiture lourde *Steyr Typ 1500A/1*, d'un modèle construit à partir de 1942, reconnaissable à l'absence de roue de secours sur le côté gauche. Mue par un V8 de 85 chevaux, elle peut atteindre 90 km/h sur route. Elle passe sur la place de l'Hôtel de ville.

Left : Heavy Steyr Typ 1500A/1 *cars, a model built since 1942, recognizable by the lack of a spare wheel on its left side. Operated by a V8 engine developing 85 horsepower, it can reach 90km/h on road. It goes across the Place de l'Hôtel de Ville.*

A l'issue du défilé, les unités se rendent vers leurs nouveaux lieux de cantonnement. On voit ici un obusier lourd de 15 cm *(s.FH18)* tracté par un camion. L'attelage passe devant des musiciens de la fanfare de la *Leibstandarte.*

After the parade, the units get back to their new stationing spots. Here is a 15 cm heavy howitzer (s.FH18) *towed by a truck. The coupling drives by the musicians of the* Leibstandarte's *band.*

Chargement (ou déchargement) de véhicules dans une gare de la Basse Seine.

Loading (or unloading) of vehicles in a train station of the lower Seine area.

Quelques jours avant le défilé parisien, la *Leib-standarte* s'est regroupée à l'est de Paris, dans la région de Melun. On voit ici le groupe de reconnaissance, avec ses automitrailleuses lourdes *SdKfz.232* et ses automitrailleuses légères *SdKfz.222,* effectuer des manœuvres à Maison Rouge, localité située sur la RN 19, à dix kilomètres à l'ouest de Provins.

A few days before the Parisian parade, the Leib-standarte *gathered east of Paris, near Melun. On this picture the reconnaissance battalion, with its heavy SdKfz.232 armoured cars and light SdKfz.222 armoured cars, is on manoeuvres in Maison Rouge, a town located along a main road (RN 19), ten kilometres west of the town of Provins.*

Des unités de la division traversent Nangis. Franz Roth s'est tout particulièrement intéressé aux *SdKfz.250* de la *3.Kp./SS-Aufkl.-Abt. « LAH »* que dirige le *SS-Hauptsturmführer* Knittel. Ce dernier peut être reconnu dans son *SdKfz.250/3*, véhicule radio équipé d'un poste *FuG 8* dont on peut noter l'impressionnante antenne. Mais Nangis est également traversé par d'autres éléments, tels cet obusier de 15 cm *(s.FH18)* attelé à un tracteur semi-chenillé *SdKfz.7*, ou encore ces voitures et camions, appartenant vraisemblablement à une unité d'infanterie motorisée.

The division's units going through Nangis. Franz Roth was particularly interested in the SdKfz.250 of the 3.Kp./SS-Aufkl.-Abt. «LAH» headed by SS-Hauptsturmführer Knittel. He is to be seen in his SdKfz.250/3, a radio vehicle fitted with a FuG 8 set, whose impressive antenna is quite conspicuous. But Nangis is also crossed by other vehicles, such as this 15 cm howitzer (s.FH18) coupled with a partially-tracked SdKfz.7 tractor, as well as these cars and trucks, which belong in all likelihood to a motorized infantry unit.

La jeune dame que nous voyons sur ce cliché est peut-être la future Frau Knittel. En effet, Gustav Knittel va tomber amoureux de sa logeuse à Nangis et l'épousera en mai 1944, lorsque le *RuSHA* aura donné son accord, après une enquête raciale approfondie !

The young woman who can be seen on this photograph could be the future Frau Knittel. It is now known that Gustav Knittel fell in love with the owner of the house in which he was quartered. In may 1944, the RuSHA allowed him to marry her after a racial investigation had been made.

Le groupe de reconnaissance est également équipé de *Schwimm-wagen*, dont les capacités amphibies sont ici testées dans un étang se trouvant dans le parc d'un grand château.

The reconnaissance battalion also is equipped with Schwimm-wagen, *whose capacities on water are being tested here on a pond in the park of a large castle.*

Sepp Dietrich installe son QG au château de Livarot au cours de l'été 1942.
Sepp Dietrich sets his headquarters in the Livarot castle during summer 1942.

Sepp Dietrich y accueille Joachim
Lemelsen et l'état-major du *XLVII.Pz.
Korps.* Le *SS-Sturmbannführer* qui se
trouve en compagnie des deux géné-
raux est Hans-Joachim Schiller, l'*Adjutant* de la *Leibstandarte.*

*Sepp Dietrich is welcoming there
Joachim Lemelsen and the* XL VII.Pz.
Korps's *staff. The* SS-Sturmbann-
führer *next to the two generals is
Hans-Joachim Schiller, the* Leib-
standarte's Adjutant.

A l'intérieur du QG de Sepp Dietrich. Au centre, on reconnaît le
SS-Sturmbannführer Schiller.

*Inside Sepp Dietrich's head-
quarters. In the middle is* SS-
Sturmbannführer *Schiller.*

Ci-dessus : Sepp Dietrich prend congé de Hans-Joachim Schiller (avec la casquette) et de Rudolf Lehmann (tête nue).

Above : Sepp Dietrich is taking his leave of Hans-Joachim Schiller (wearing a cap) and Rudolf Lehmann (bareheaded).

Ci-contre : Sepp Dietrich et son chauffeur devant l'un des nombreux châteaux de la région.

Left : Sepp Dietrich and his driver in front of one of the many castles to be found in the area.

Franz Roth effectue ensuite un reportage sur le retour de prisonniers français. Ils sont accueillis à la gare de l'Est par Pierre Laval.

Afterwards, Franz Roth makes a report on some French prisoners' comeback. They are welcomed at Paris Gare de l'Est by Pierre Laval.

Franz Roth accompagne Sepp Dietrich et Rudolf Lehmann à Dieppe. Il y photographie des prisonniers canadiens.

Franz Roth goes to Dieppe with Sepp Dietrich and Rudolf Lehmann. He takes pictures of Canadian prisoners there.

Une unité parachutiste est immortalisée en route. Il s'agit d'un groupe antichar équipé d'un antique *Pak 36* de 3,7 cm.

He photographs paratroops on the way. They are an anti-tank group, using an ancient 3.7 cm Pak 36.

Retour dans les rues de Dieppe où les combats ont été acharnés, comme le prouvent les bâtiments en feu et les carcasses de chars, ici un *Churchill*. Les colonnes de prisonniers constituent comme toujours un excellent sujet de propagande.

Back to the streets of Dieppe, where combat has been fierce, as proved by the buildings on fire and the tanks skeletons – here, a Churchill. *Prisoners' columns constitute, as usual, an excellent subject for propaganda.*

Les officiers supérieurs de la *Leibstandarte* effectuent une visite à Cherbourg où ils sont accueillis par des officiers de la *Kriegsmarine*. Sur cette plate-forme, on reconnaît Walter Staudinger, cigare aux lèvres (*Kdr. SS-Art.Rgt. « LSSAH »*), et Georg Schönberger (*Kdr. SS-Pz.Rgt. « LAH »*).

The Leibstandarte's *field officers visit Cherbourg, where they are welcomed by officers from the Kriegsmarine. On this floating rig, one may recognize Walter Staudinger (Kdr. SS-Art.Rgt. « LSSAH ») smoking a cigar, and Georg Schönberger (Kdr. SS-Pz.Rgt. « LAH »).*

Sepp Dietrich reçoit des explications d'un officier de la marine. Sur sa gauche, on aperçoit le *SS-Sturmbannführer* Rudolf Sandig (*Kdr. II./2. SS-Pz.Gren.Rgt. « LAH »*).

Sepp Dietrich is listening to a naval officer's explanations. On his left, one may catch a glimpse of SS-Sturmbannführer Rudolf Sandig (Kdr. II./2. SS-Pz.Gren.Rgt. « LAH »).

Schönberger, Dietrich, Staudinger et Witt en compagnie d'un capitaine de corvette. Il est à noter qu'il n'existe pas de distinctions d'armes ou de subdivisions dans la *Kriegsmarine* : seules les fonctions et les spécialités sont symbolisées par divers attributs portés en haut de la manche gauche.

Schönberger, Dietrich, Staudinger and Witt with a lieutenant commander. It is worth knowing that there are no distinctions of arms or subdivisions in the Kriegsmarine: only functions and specialities are symbolized by various attributes worn on top of the left sleeve.

Achevé d'Imprimer en février 2008
sur les presses de
Corelio Printing
Bruxelles
pour le compte des Editions Heimdal